明代登科錄彙編十三

嘉靖三十五年丙辰科會試主司姓氏

主考

太子太保禮部尚書兼文淵閣大學士李本 字汝立號南渠浙江餘姚縣人 壬辰進士

詹事府少詹事兼翰林院學士尹臺 字崇基號洞山江西永新縣人 乙未進士

易經房

右春坊右中允董份 字用均號潯陽[illegible]浙江烏程縣人 辛丑進士

翰林院脩撰唐汝楫 字思濟號小渠浙江蘭[illegible] 庚戌進士

翰林院編修呂調陽 字[illegible]湖廣大冶縣人庚戌進士

兵部武選司署郎中方祥 字承祥號[illegible]江西浮梁縣人丁未進士

書經房

翰林院侍講邢一鳳 字伯羽號雉山南京龍江左衛籍河南祥符縣人辛丑進士

翰林院檢討裴宇 字子大號內山山西澤州人辛丑進士

翰林院侍讀陳陞 字晉甫號龍白浙江餘姚縣人辛丑進士

禮科給事中湯日新 字懋昭號練川浙江秀水縣人庚戌進士

詩經房

翰林院編修吳情 字以中號澤峰直隸無錫縣人 甲辰進士

翰林院修撰李春芳 字子實號石麓直隸興化縣籍 句容縣人丁未進士

翰林院修撰陳謹 字德言號環江福建閩縣人 癸丑進士

戶科都給事中王鳴臣 字汝文號陽岡江西泰和縣 甲辰進士

刑科都給事中李敏 字鈍甫號默齋山西榆次縣人 丁未進士

春秋房

翰林院侍讀瞿景淳 字師道號昆湖直隸常熟縣人甲辰進士

刑部四川司主事況叔祺 字吉夫號丹崖江西高安縣人庚戌進士

禮記房

翰林院檢討殷士儋 字正甫號棠川山東歷城縣籍武定州人丁未進士

吏部文選司主事張守直 字時舉號聿峯順天府遵化縣人甲辰進士

嘉靖丙辰同年世講錄總目

北畿三十二人

順天府九人

倪光薦詩四房　王洲春一房俱平谷縣　楊衍慶禮一房牧馬所　任福民詩三房錦衣衛

杜華書四房霸州　喬伊易三房三河縣　楊霆詩一房順義縣　尹校書一房錦衣衛

曹子朝易一房興州後屯衛

河間府七人

李遂春一房景州　陳旌書三房　張守貞易一房俱故城縣　曹梅書一房鹽山縣

郜大經詩一房吳橋縣　牛鏡詩二房獻縣　劉子延詩二房滄州

真定府六人

張學古 詩三房 南宮縣　范宗異 書二房 晉州　傅希摯 春一房 衡水縣　李世藩 詩四房 臨城縣

張天馭 詩四房 深州　韓寀 詩四房 隆平縣

保定府五人

左鈞 書一房 唐縣　劉行素 春二房 高陽縣　陳善道 詩三房 蠡縣　鄭洛 書四房

甕蕙 易三房 俱安肅縣

廣平府二人

楊進道 詩三房 曲周縣　申佐 詩一房 永年縣　李齊芳 詩二房 成安縣

永平府一人

王尚直 易四房 昌黎縣

萬全右衛 一人

郭志選 詩四房

南畿 三十八人

應天府 二人

姚汝循 易三房 錦衣衛 皮豹 易一房 上元縣

蘇州府 七人

葛綸 易一房 崑山縣 查光述 詩一房 陳瓚 詩一房 葛邦興 禮一房

楊成 書三房 馮符 春一房 王道充 春二 太倉

松江府四人

楊銓 詩四房 夏時 春二房 楊道亨 詩三房 俱華亭縣 趙灼 詩五房 上海縣

常州府一人

趙大河 詩二房 江陰縣

徽州府二人

程大賓 詩一房 歙縣 葉宗春 春一房 祁門縣

寧國府一人

屠羲英 易一房 寧國縣 唐汝迪 書四房 宣城縣

池州府二人

方新 書一房 施篤臣 詩四房 俱青陽縣

太平府二人

解明瑞 詩四房 建陽衛

安慶府三人

吳宗周 易三房 懷寧縣 阮自嵩 易二房 吳一介 書一房 俱桐城縣

廬州府六人

張誥 書一房 六安衛 金醍 書三房 徐必進 書三房 俱六安州 沈桂 禮一房

謝封 詩三房 俱無為州 張人紀 書一房 合肥縣

鳳陽府二人

常三省 春二房 泗州 李維 詩四房 蒙城縣

淮安府一人

胡應嘉 禮一房 沭陽縣

揚州府五人

袁隨 禮二房 通州 張膽 書二房 高郵州 陳汲 春二房 陳應詔 詩五房

黃鷚 詩三房 俱泰州

浙江五十四人

杭州府十五人

胡孝 書一房 柴祥 易三房 俱仁和縣 董學 易四房 查志立 詩一房 俱海寧縣

周詩 易四房 錢塘縣

嘉興府十四人

陸夢韓 書四房 姚體信 詩四房 俱平湖縣 湯彬 書二房 陳所學 書二房 俱海鹽縣

蕭維翰 書四房 張鳳来 詩二房 俱秀水縣 項治元 春二房 孫詔 書三房

黃鋕 書四房 包檉芳 書一房 俱嘉興縣 錢孚鄉 書三房 卞錫 書四房

毛汝賢 詩一房 屠鑣 書四房 俱嘉善縣

湖州府六

嚴文梁 書三房 淩迪知 詩一房 俱烏程縣

寧波府九人

袁大誠 易四房 杜 思 易四房 楊承鯤 易四房 柴 淶 易三房 俱鄞縣

馮 謙 詩二房 顏 鯨 詩五房 鄭 卿 詩四房 劉志伊 易三房

姜國華 詩二房 俱慈谿縣

紹興府 十五人

孫大霖 易三房 孫 鑨 易一房 陳南金 易一房 陸一鵬 禮二房

徐紹卿 禮二房 唐景禹 書四房 俱餘姚縣 潘清亶 易二房 鄭舜臣 詩四房 俱上虞縣

諸大綬 易二房 沈 寅 詩二房 祝繼志 詩三房 俱山陰縣 龔 ⿺辶芝 書二房

謝宗明 春二房 陶大臨 春二房 葉應春 易一房 俱會稽縣

台州府 二人

應存性卅四 詩三房 仙居縣

陳鍚八九 春一房 臨海縣

金華府四人

趙時齊十九 易一房

陸鳳儀二百十 易四房 俱蘭谿縣

王楷 書三房 永康縣

盧仲佃 易二房 東陽縣

衢州府二人

祝爾介四十五 詩一房 龍游縣

鄭大經十三 易二房 西安縣

處州府一人

李從健七十四 易四房 縉雲縣

江西二十八人

南昌府七人

楊汝輔 詩三房 張正謨 易二房 俱南昌縣 蔡國珍 [illegible] 余[illegible] 俱[illegible]

李廷觀 詩三房 黃翰 易三房 俱豐城縣 方來崇 詩四房 新建縣

吉安府 六人

劉峴 易二房 黎桂 易一房 俱萬安縣 胡直 詩五房 泰和縣 伍令 春一房

鄒善 春一房 俱安福縣 李承芳 易四房 永新縣

饒州府 五人

金達 書一房 操時賢 易四房 程滋盛 易一房 俱浮梁縣 鄒光祚 易一房 鄱陽縣

周舜岳 詩二房 安仁縣

撫州府 三人

章汝槐 易一房 吳朝儀 詩四房 俞汝器 詩二房 俱臨川縣

九江府三人

夏可範 禮一房 瑞昌縣 張科 書三房 湖口縣 勞堪 詩一房 德化縣

贛州府一人

袁淳 書一房 雩都縣

臨江府一人

楊標 詩三房 清江縣

廣信府一人

張相 詩五房 貴溪縣

南康府一人

熊俸 詩五房 星子縣

福建二十四人

福州府九人

薛曾 詩二房 福清縣　吳文華 易二房 連江縣　林應雷 詩二房　張焯 春一房

鄭雲鎣 易四房　陳聯芳 詩三房 俱閩縣　陳復升 詩五房　林德 詩四房 俱長樂縣

何邦禮 詩四房 福清縣

漳州府六人

江潮 詩二房　蔡明復 詩三房 俱漳浦縣　胡文 詩一房　湯應科 詩三房

黃文豪 易四房 俱龍溪縣 黃鏌 詩五房 鎮海衛銅山所人

泉州府 五人

陳子佐 詩五房 惠安縣 許自新 易三房 陳選 禮二房 史朝宗 易三房 俱晉江縣

林叢槐 易四房 同安縣

興化府 二人

戴科 禮二房 林潤 書二房 俱莆田縣

建寧府 一人

陳紀 易三房 甌寧縣

邵武府 一人

何廷鈞 詩一房 邵武縣

湖廣 二十一人

武昌府 二人

汪廷錢 易二房

胡定 詩二房 俱崇陽縣

荊州府 三人

龔大器 書一房 公安縣

吳守 書二房 宜都縣

鄭惟僑 書二房 石首縣

承天府 四人

胡鑰 詩[redacted]房 潛江縣

童承契 禮一房 沔陽州

高岱 易一房 京山縣

曾省吾 易二房 承天衛

長沙府 二人

劉應峰 易一房 茶陵州
唐九德 易四房 湘潭縣

黃州府三人

蔡完 易二房 黃陂縣
耿定向 春一房 麻城縣
李啓昭 書四房 蘄州衛

永州府二人

黃廷聘 易三房 道州
伍典 書三房 祁陽縣

襄陽府一人

王凝 書一房 宜城縣

衡州府一人

劉[illegible] 易[illegible]房 [illegible]

辰州府一人

戴廷忞 易三房 沅陵縣

常德府一人

胡順華 書一房 武陵縣

岳州府一人

淶汝翼 書二房 巴陵縣

河南二十二人

開封府六人

楊旂 禮一房 延津縣 盧煌 易四房 鄭州 孟沭 書一房 祥符縣 邢守庭 詩五房 臨潁縣

李際春 詩四房 杞縣 辛自脩 詩二房 襄城縣

河南府 二人

賀貴 春二房 靈寶縣 溫如璋 易四房 洛陽縣中護位

歸德府 四人

楊柏 易二房 宋纁 易二房 俱商丘縣 徐養相 禮二房 張一齋 易二房 俱睢陽衛

衛輝府 二人

蘇朝宗 詩一房 汲縣 王同倫 禮二房 輝縣

南陽府 一人

杜譕 書四房 裕州

汝寧府 三人

楊逢節 春二房 固始縣　程純 易二房 光山縣　趙賢 易二房 汝陽縣

彰德府 二人

劉孝 書三房　張縉 詩五房 俱安陽縣

懷慶府 一人

劉思問 易二房 孟縣

汝州 一人

丁堯相 詩　房 汝州

四川 十八人

成都府四人

周遜 易[redacted]房 茂州衛　邊維垣 書四房 彭縣　陰武卿 書一房　高察 詩四房 俱內江縣

重慶府五人

蔣弘德 書二房　曹大川 詩三房 俱巴縣　胡帛 易二房　楊崇震 易一房 俱江津縣

黎元 詩五房 涪州

順慶府四人

楊脩 詩一房　尚德恒 詩五房 俱南充縣　張文淵 易二房 西充縣　蘇松 易一房 廣安州

敘州府一人

范以作 易四房 富順縣

瀘州 二人

董燦 詩一房　張鳴瑞 禮二房 俱瀘州　韓忠 書四房 瀘州衛

嘉定州 一人

何顯淑 詩二房 榮縣

山東 二十一人

濟南府 三人

商詰 易三房　毛自道 詩一房 俱平原縣　張大業 書三房 德州衛

兗州府 二人

馬文健 書二房 鉅野縣　胡汝桂 詩一房 金鄉縣

東昌府 四人（五）

傅思明 詩二房 博平縣

田稔 書一房

李用熒 易二房 俱高唐州

武建邦 書一房 館陶縣

陳忠翰 書一房 濮州

青州府 六人

蔚鍾 詩五房

李時漸 易二房 俱壽光縣

曹一麟 書一房 安丘縣

王嘉言 詩四房 臨淄縣

侯廷柱 易一房 諸城縣

楊錦 易一房 益都縣

萊州府 四人

張銘 詩三房 膠州

方岳 詩二房 萊州衛

姜廷珏 易三房 掖縣

孫夢豸 詩五房 昌邑縣

登州府 一人

張夢鯉 詩五房 萊陽縣

山西二十人

太原府二人

王三聘 詩一房 代州
劉有誠 易四房 寧鄉縣

平陽府九人

李汝寬 春一房 聞喜縣
史宮 易四房
史永壽 易二房 俱猗氏縣
羅尚德 易二房 臨汾縣

薛一鶚 禮一房 芮城縣
周心易 詩五房 絳州
王得春 詩三房 安邑縣
介一清 詩三房 解州

晉應槐 詩五房 洪洞縣

大同府二人

王用中 書四房
李承式 詩三房
俱大同縣
郝杰 禮一房
蔚州

潞安府 二人

劉永寧 書三房
朱卿 詩四房
俱長子縣
鮑承蔭 詩四房
長治縣

澤州 二人

郭東 詩三房
高平縣
韓君恩 春二房
沁水縣

遼州 一人

馬出圖 春二房
遼州

廣東 十四人

廣州府 十八

黎復性 易三房 陳萬言 禮一房 崔吉 易一房 俱南海縣 黎民衷 詩四房 從化縣

黃誥 詩四房 東莞縣 李邦義 易三房 連州 張大猷 易一房 何維復 易二房

黃可大 易三房 羅崇謙 易四房 俱番禺縣

潮州府 四人

黃衮 書三房 大埔縣 鄭旻 易二房 薛守經 書一房 俱揭陽縣 李思悅 詩一房 海陽縣

陝西 九人

西安府 六人

梁棟 詩一房 西安衛 劉應龍 易一房 長安縣 劉世昌 易四房 高陵縣 張士佩 書一房 韓城縣

孫丕揚 禮二房 富平縣 李世達 書三房 涇陽縣

延安府一人

○楊兆二百卌二 書一房 膚施縣

漢中府一人

○黄九成三百[illegible] 書二房 城固縣

西寧衛一人

、張問仁三百廿八 春二房

廣西二人

桂林府一人

○趙孟豪卅二 春一房 全州

梧州府 一人

陳一謙 [illegible] 詩二房 鬱林州

右進士三百零三名 一百六十名仕

右八十七名歸 其餘皆早卒未詳等

○是仕 是歸

狀元諸大綬浙江紹興府山陰縣人 二甲一名陳錫浙江台州府臨海縣人[illegible]

榜眼陶大臨浙江紹興府會稽縣人 三甲一名張賓[illegible]安府[illegible]縣人[illegible]

探花金達江西饒州府浮梁縣人 [illegible]

會元金達 江西饒州府浮梁縣人 隆慶三年己巳太史諸大綬錄刻纂修[illegible]

6596

周遜

字德脩號五津治易經乙丑年六月二十五日生

四川成都府茂州衛人、　　觀戶部政

曾祖瑛　　兄蓮

祖晟　　弟述

父武　　娶常氏

母常氏　　子祖達　祖适　祖夜　祖夏

甲午鄉試二名　　戊辰除授刑部主事陞光祿寺寺丞

癸丑會試五十九名

廷試二甲四十二名

金達

字德孚號星橋治書經丙寅年七月十一日生

江西饒州府浮梁縣人

曾祖海闕　兄增

祖楨　弟培

父玉璿 贈編脩加司業 子　娶葉氏 贈孺人加安人 繼娶張氏 封孺人

母張氏 贈孺人加安人　子堯徵 堯咨 俱生員

甲午鄉試三名 授翰林院編脩 癸亥陞南京國子監司業 戊辰疏請

會試一名 致仕

廷試一甲三名

陸夢韓 字與文號丹厓治書經丙寅年十二月初三日生

北京錦衣衛官籍浙江平湖縣人 觀刑部政

曾祖銀 知縣累贈都察院右副都御史 弟美 庠生 照 監生 夢熊 庠生 光祖 太常少卿 光裕 舉人 光祚 禮部員外

祖溥 散官 光儒 光倫 夢龍 俱庠生 經 錦衣指揮 光弼 都事 光宅 夢勳 俱

父楷 太學生封工部主事 庠生 緒 錦衣千户 光宙 繹 錦衣千户 光鐵 官生

母吳氏 贈安人 娶周氏 子堯封 堯咨 俱監生

庚子鄉試三十一名 授工部都水司主事 庚申調兵部 陞員外 陞

會試六名 事調陝西同州判官致仕

廷試二甲九名

趙大河

字道源號延陵治詩經戊辰年七月二十九日生

直隸常州府江陰縣人　觀兵部政

曾祖煜　壽官

兄洽　沾　與淳

祖坋

弟湳　從瀌　與澄　從洛　漣　與治 同知　大梁　思賢　從[illegible]

父鍗

娶許氏

母夏氏

子樹忠　樹志　樹憲

甲午鄉試七十三名　授浙江義烏縣知縣 辛酉 陞大理寺評事陞浙江[illegible]

會試七十二名　事 丙寅 致仕

廷試三甲一百五十八名

蔡完

字人備號春湖治易經辛未年十一月十一日生
湖廣黃州府黃陂縣人
觀刑部政

曾祖彥文
兄寀歲貢
　生

祖綉
弟宷生員

父禎
娶丘氏
繼娶陳氏

嫡母甘氏
生母梅氏子

甲午鄉試七十八名
授浙江蘭谿縣知縣已未
選御史卒

會試九十名

廷試三甲四十七名

湯彬

字子雅號龍涇治書經辛未年十二月初九日生

浙江嘉興府海鹽縣人　觀禮部政

曾祖謙　　兄

祖經　　弟來　科生員

父誥贈兵部署員外　　娶高氏封安人

前母劉氏母陸氏繼母屠氏俱贈安人　　子承宗　承寵生員　承憲

乙卯順天鄉試十六名　　授直隸廬江縣知縣庚申陞兵部主事癸亥陞員外甲子

會試二百三十九名　　陞河南僉事丁卯致仕

廷試三甲一百二十四名

何廷錦

字實夫號蒙泉治詩經癸酉年四月十六日生

福建邵武府邵武縣人　觀禮部政

曾祖瓚　兄

祖寬　弟廷鈺御史　廷銑醫官　廷銘生員　廷鋭　廷鍾

父洪　娶高氏

母虞氏　繼母吳氏　子士賢生員　士範　士衡

乙卯順天鄉試一百二十一名　授直隸武進縣知縣己未調山東益都縣致仕

會試五十六名

廷試三甲五十九名

丁尭相

字宗舜號雲峰治詩經癸酉年八月二十四日生

河南汝州人 觀吏部政

曾祖秀 兄

祖良 弟尭臣 尭卿 尭賓 尭英舉人 尭士

父道 娶王氏

母侯氏 繼母劉氏 子寧府 寧州俱生員 寧縣 寧朝 寧野

庚子鄉試五十名 授四川成都府推官己未致仕卒

庚戌會試二百九十二名

廷試三甲二百八十九名

張誥

曾祖厚 指揮使

祖時 指揮使

父介 指揮使

母楊氏 封淑人

丙午鄉試四十名

會試二百八十九名

廷試二甲五十五名

字允衡號儆菴治書經甲戌年五月二十八日生

直隸六安衛官籍湖廣廣濟縣人 觀兵部政

兄訓 監生 誥 貢生

弟詠 生員 記 識 生員 詩 謐

娶楊氏 封宜人

子濈 指揮江北武舉 澄

授戶部主事歷陞員外陞郎中甲子陞廣西桂林府

知府戊辰陞山東鹽運司運使

龔大器

字用卿號𡵆東治書經甲戌年六月二十七日生　觀兵部政

湖廣荊州府公安縣人

曾祖友信　兄大璽

祖永禔　弟大憲　大美　大順　大相　生庠

父如鑾　封刑部主事　娶趙氏　封安人

母錢氏　贈安人　繼母段氏　封太安人　子仲紞　仲敏　仲春

乙卯鄉試四十九名授刑部主事壬戌陞員外癸亥陞四川僉事丙寅復除江

會試二百三十一名　西

廷試二甲八十八名

黃展

字文斷號及泉治書經甲戌年十一月初二日生

廣東潮州府大埔縣人　觀都察院政

曾祖璿　兄

祖鳳　弟

父伯珙 贈南京戶部主事　娶丘氏 封安人

母羅氏 封太安人　子斷魯

乙卯鄉試六名　授浙江長興縣知縣已未陞南京戶部主事壬戌陞

會試一百六十一名　外郎中乙丑陞江西贛州府知府

廷試三甲第十八名

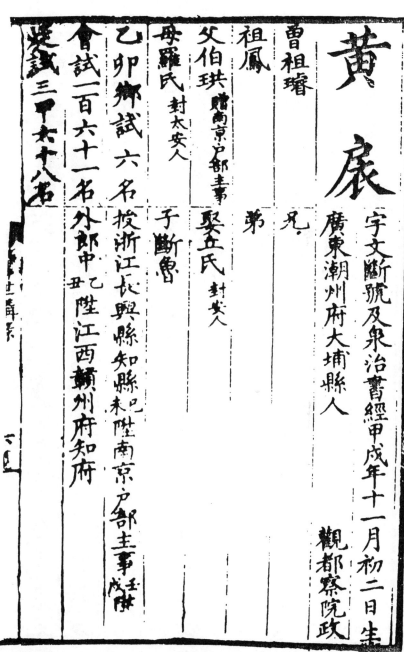

章汝槐

字子[illegible]號[illegible]治易經乙亥年五月二十七日生

江西撫州府臨川縣人　觀吏部政

曾祖紹元　兄汝植醫官

祖曰讓　弟汝楠　汝杞

父文散官封工部主事　娶鄒氏

母王氏封太安人　子燧

癸卯鄉試六十四名授直隸桐城縣知縣己未陞工部主事壬戌陞員外[illegible]

會試一百八十二名陞廣西僉事丙寅致仕

廷試三甲五十六名

金甌

字汝相號灩湖治書經乙亥年六月初七日生

直隸廬州府六安州人　觀戶部政

曾祖鐸

兄駉

祖宣

弟臺 生員 魁　閣　殿

父魚 贈太僕寺寺丞

娶謝氏 封安人

母陳氏 封太安人

子詔　誥

己酉鄉試六十三名授湖廣石首縣知縣庚申陞戶部主事癸亥謫鄭州判

會試二百二十一名官甲子陞太僕寺寺丞丁卯陞工部員外郎

殿試三甲一百二十一名

程大賓

字汝見號心泉治詩經乙亥年九月二十七日生

直隸徽州府歙縣人　觀吏部政

曾祖春芳　兄大經

祖倫 散官　弟

父寵 累贈中憲大夫廣西副使　娶許氏 累贈恭人　繼娶汪氏 累封恭人

母汪氏 累封太恭人　子子誥 禮部儒士　子說 生員　子詔　子誼

丙午鄉試四十一名　授南京吏部主事 壬戌陞郎中 乙丑陞浙江參議 丁卯陞

會試二百八十八名　廣西副使 戊辰改雲南提學

廷試二甲八十二名

李汝寬

字嚴夫號戒菴治春秋丙子年二月二十五日生

山西平陽府解州聞喜縣人　觀兵部政

曾祖景贈戶部主事

祖灝

父孔休歲貢生

母王氏繼母王氏楊氏

丁酉鄉試四名

會試一百七十四名

廷試三甲二十九名

兄汝重知縣汝厚

弟汝楫汝沉生員汝式汝勤汝靜生員汝滌汝聰生員汝知汝器

娶楊氏

子豫養　直養

授直隸清豐縣知縣己未陞大理寺評事致仕

楊旂 字汝章號譚村治禮記丙子年五月十三日生

河南開封府延津縣人 觀吏部政

曾祖思義 陰陽官　兄

祖璡　弟

父祉 儒官累贈按察司副使　娶李氏 封安人加恭人

母高氏 封恭人　子克家 克恭 克抑

壬子鄉試十一名 授戶部主事 壬戌陞員外 癸亥陞江西僉事 甲子陞山西參議

會試二百七十三名 丙寅陞副使 戊辰陞參政

廷試三甲一百八十八名

劉永寧

曾祖剛
祖敏 縣丞
父宗周 贈知縣改贈主事加贈郎中
母張氏 封太孺人改贈安人加贈宜人
壬子鄉試十八名
會試二百二名
廷試三甲一百三十一名

字以德號靜泉治書經丙子年六月十七日生
山西潞安府長子縣人　觀都察院政
兄永康
弟
娶孔氏 封孺人加安人宜人
子崇孝 生員 崇廉
授陝西咸寧縣知縣辛酉陞南京兵部主事癸亥陞員
外郎中丁卯復除刑部

董承契

字士成號玄岡治禮記丙子年九月二十四日生

湖廣承天府沔陽州人　觀都察院政

曾祖瀛　兄承敘左春坊左庶子兼翰林院侍講　承斆舉人

祖錦訓導　弟

父時　娶趙氏　繼娶劉氏　王氏

母李氏　子守巽　守貢

癸卯鄉試四名　授江西安福縣知縣已未陞兵部主事卒

會試十名

廷試三甲三十五名

趙時齊

字子巽號巽齋治易經丙子年十二月初九日生

浙江金華府蘭谿縣人　觀大理寺政

曾祖璃　兄

祖覬　弟時襄　時彥舉人　時亮　時燮

父玉　娶包氏　繼娶徐氏

母陳氏　子邦仰

甲午鄉試三十六名授行人司行人己未選南京御史辛酉謫定州判官癸亥

會試四十七名陞江西贛州府推官甲子陞本府同知丁卯陞福建

廷試三甲一百二名事

張相

曾祖璵

祖祥

父積　贈刑部主事

母李氏　封太安人

癸卯鄉試三十七名

會試二百四十四名

廷試二甲四十三名

字文忠號檜陽治詩經丁丑年正月初六日生

江西廣信府貴溪縣人　觀工部政

兄杞

弟桓　椿　楨　彬　生員

娶胡氏　封安人

子世炎　世爕　世燦

授刑部主事　庚申陞員外　辛酉陞郎中　壬戌陞廣州府知

府卒

蔣弘德

曾祖福 贈都察院右副都御史

祖雲漢 福建左布政進階資善大夫

父明 生員贈工部主事

母費氏 封太安人

癸卯鄉試五十七名

會試一百五十四名

廷試三甲六十六名

字宗善號少溪治書經丁丑年正月十七日生

四川重慶府巴縣人 觀工部政

兄弘仁通判 弘義知縣 弘勳 弘敷俱生員 弘儒 弘恩

弟弘烈 弘坤

娶蔡氏贈安人 繼娶劉氏封安人

子汝聽 汝礪 汝楫

授浙江烏程縣知縣庚申陞工部主事壬戌陞員外癸亥陞郎中甲子陞長沙知府戊辰調雲南澂江府

顏鯨

字應雷號冲宇治詩經丁丑年正月二十三日生

浙江寧波府慈谿縣人

觀都察院政

曾祖瑾驛丞

兄鳳省祭官 鱥

祖正

弟鯉 鵬 鯤 鰲 鶴 鷟

父文𢓸贈御史

娶費氏封孺人

母唐氏贈孺人

子子衢 子衛

己酉鄉試七十一名授行人司行人辛酉選御史丙寅謫湖廣安仁縣典史

會試一百三十八名陞寶慶府推官陞南京吏部主事郎中陞湖廣提

廷試三甲一百八十名學副使

黎復性

字初炳號夏溪治易經丁丑年四月初六日生

廣東廣州府南海縣人　觀吏部政

曾祖子肆　兄

祖後　弟復善　復興　復昌　復良　復仁

父進　娶陸氏

母梁氏　子藩

壬子鄉試三十八名　丙辰授福建甌寧縣知縣己未致仕

會試二百五十名

廷試三甲四十名

應存性

字成之號方山治詩經丁丑年四月十八日生
浙江台州府僊居縣人　　觀禮部政
曾祖巨　　兄存初舉人存默生員
祖匡吏部主事進封工部員外　　弟存脩　存銳俱生員存卓副使存素生員存遠存徽存章
父大猷刑部尚書　　娶吳氏封安人
前母秦氏贈安人母彭氏封安人繼母盧氏高氏　子世科
癸卯鄉試十七名授工部主事辛酉陞員外壬戌陞郎中癸亥謫湖廣興國州
會試一百七十五名同知乙丑陞常德府通判丙寅陞荊門州知州丁卯陞南京
廷試二甲七十名兵部員外郎

賀貫

字懋文號洪濱治春秋丁丑年四月二十一日生
河南河南府陜州靈寶縣人　觀通政司政

曾祖試
祖恭
父宗儒　生員贈御史
母楊氏　贈孺人　繼母李氏　贈孺人

兄表
弟賞　章
娶張氏　封孺人
子長春

癸卯鄉試二十四名　授山東章丘縣知縣庚申復除浙江樂清縣壬戌選南
會試一百五十七名　京御史戊辰陞廣平知府
廷試三甲三十七名

劉峴

字仁伯號鳳西治易經丁丑年七月初八日生

江西吉安府萬安縣人　觀吏部政

曾祖公碩

祖景臨

父一春 贈兵部員外

母胡氏 贈安人

丙午鄉試八十一名

會試一百七十一名

廷試三甲二十三名

兄峻 知州

弟崐 舉人

娶張氏 封安人

子仲心　仲志　仲念　仲意

授直隸池州府推官 己未 復除太平府 壬戌 陞兵部主事

丙寅 陞員外郎中 丁卯 謫寧州同知陞鎮江府通判 戊

調松江府

楊銓

字朝明號峴南治詩經丁丑年八月初七日生

直隸松江府華亭縣人　觀吏部政

曾祖霖　兄欽典膳贈推官　鉞　鏐聽選官

祖萱　弟銑生員

父澍散官贈南京吏科給事中　娶陶氏封孺人

母張氏生母姚氏俱贈孺人　子格生員　楨

壬子鄉試一百二名　授行人司行人己未陞南京吏科給事中乙丑陞江西

會試九十三名　副使

廷試三甲八名

袁淳

字[illegible]號[illegible]治書經丁丑年八月初九日生

江西贛州府寧都縣人　　觀刑部政

曾祖端教授封刑部主事　　兄

祖慶雲訓導　　弟湛生員　河

父旹　　娶黃氏　繼娶甘氏

母王氏　　子榦　楙　棟

乙卯鄉試五十三名授湖廣承天府推官（己未）陞御史（壬戌）陞湖廣僉事（癸亥）

會試五十七名致仕

廷試三甲八十名

胡直

字正甫號廬山治詩經丁丑年八月十六日生
江西吉安府泰和縣人　觀兵部政

曾祖爾極　兄
祖竹恭　弟諒　問　敬生員
父天鳳生員　贈刑部員外　娶蕭氏贈安人
母周氏封太安人　子一唯
癸卯鄉試九名　授刑部主事庚申陞員外陞湖廣僉事壬戌陞四川布
會試十三名　參議丙寅陞四川提學副使疏請終養
廷試二甲三十八名

伍令

字思竹號魚山治春秋丁丑年八月二十日

江西吉安府安福縣人　　　觀吏部政

曾祖體祥封刑部員外郎

祖希淵右布政使進階通奉大夫

父簡義官贈中書舍人

母劉氏封孺人

兄全按察使　仝官生　會　舍州判

弟翕通判　令　舍　傅　仕　任　佐

娶李氏封孺人

子崔　鶱生員　遂

丁酉鄉試八十九名授中書舍人辛酉選御史樊叙陞四川僉事乙丑致仕

會試四十九名

廷試三甲一百六十八名

胡帛

字于行號忠菴治易經丁丑年九月初四日生

四川重慶府墊江縣人　觀吏部政

曾祖慶

祖崇易　左長史

父孜　生員贈南京户部主事加贈知府

母周氏　封太安人加恭人

兄泉　生員

弟阜　禮生

娶蕭氏　封安人加恭人

子良圭　良佐　良工

壬子鄉試二十三名　授南京户部主事　己未陞郎中　甲子陞福州府知府　丁卯

會試十五名　陞江西副使

廷試二甲五十二名

楊栢

字允節號古巖治易經丁丑年十二月八十七日生

河南歸德府商丘縣人　觀禮部政

曾祖瑾

祖禮

父淵　照磨贈御史

母裴氏　封太孺人

兄校　監生　楠　生員

弟柯　儒士　梯　生員　榜　楫　俱生員

娶孫氏　贈孺人　繼娶宋氏　封孺人

子旋　生員

丁酉鄉試五十三名授行人司行人壬戌選山東道御史

會試一百八十七名

廷試三甲一百四十名

葛綸

守理卿號誠源治易經丁丑年閏十二月初五日生
直隸蘇州府崐山縣籍長洲縣人　觀刑部政

曾祖塤　　兄經
祖栢　　弟緯　繒生員
父潮 贈刑部主事 加郎中　　娶凌氏 封安人 加宜人
母沈氏 贈安人 加宜人　　子
癸卯鄉試十八名　授刑部主事 甲子復除 乙丑陞員外 丙寅陞郎中 戊辰陞瀘
會試七名　州府知府
廷試二甲七十四名

張銘

字文粹號松陽治詩經丁丑年閏十二月初七日生

山東萊州府膠州人　觀禮部政

曾祖整

祖嵩　訓導

父兄敬　周府教授

母王氏

壬子鄉試二十名

會試二百九十六名

廷試三甲一百二十三名

兄自勉　自立　自善　自信

弟錡　生員　鉞　鑄

娶蕭氏　繼娶徐氏

子問士　問官

授戶部主事卒

方新

字德新號定溪治詩經戊寅年二月二十五日生

直隸池州府青陽縣人　觀吏部政

曾祖志高　兄棨　樾舉人

祖永康　弟

父仁監生贈御史　娶江氏贈孺人　繼娶鄭氏封孺人

前母孫氏　母何氏贈孺人　子

己酉鄉試三十一名　授行人司行人乙丑選御史丙寅爲民丁卯復除陞湖廣

會試八名　僉事戊辰陞參議

廷試三甲二百一名

胡鑰

字與卿號九皐治詩經戊寅年六月十三日生

湖廣承天府潛江縣人　觀吏部政

曾祖詳 衛知事　兄

祖瓚 儒士　弟

父拱明 知州贈奉直大夫　娶雷氏 贈孺人　繼娶王氏 封孺人

前母李氏 母劉氏贈宜人 繼母熊氏封太宜人　子養蒙 生員

壬子鄉試九十名　授行人司行人 壬戌 選御史 乙丑 陞廣東參議卒

癸丑會試二百三十三名

廷試三甲一百九十八名

查光述

字子孝號龍山治詩經戊寅年七月二十二日生

直隸蘇州府常熟縣人　觀工部政

曾祖玒　兄

祖瑄　弟

父繡生員　娶徐氏

母潘氏　子公禹　公輅

丙午鄉試二名　授浙江寧波府推官己未選御史卒

會試三十二名

廷試三甲十八名

王楷

字子正號竹峰治書經戊寅年八月初一日生

浙江金華府永康縣人 觀兵部政

曾祖乾 兄杞

祖綸 壽官 弟彬 監生 栻 朴

父淮 壽官 娶馬氏 繼娶陳氏

母李氏 子宗勲 宗默 宗然

乙卯鄉試一百名授直隸揚州府推官己未陞刑科給事中癸亥復除吏

會試六十五名科陞刑科右甲子陞禮科左給事中陞湖廣參議乙丑

廷試三甲十二名致仕

董懋

字子功號彖屛治詩經戊寅年十月初七日生

四川瀘州籍江西清江縣人　觀戶部政

曾祖賔榮　兄愛

祖琦　弟𢡟　應

父澄　娶徐氏　繼娶何氏

母黃氏　郭氏　傅氏　子之宗　之楨

壬子鄉試四十三名授戶部主事卒

會試一百四十二名

廷試三甲八十九名

操時賢 字國用號雙峰治易經戊寅年十一月初一日生

江西饒州府浮梁縣人 觀刑部政

曾祖顒 訓導

祖詳 生員

父豫

母葉氏

丙午鄉試四十八名

會試一百二十三名

廷試三甲一百六十名

兄

弟時泰 時俊 生員 時逵 時憲

娶戴氏 繼娶朱氏

子可久

授直隸祁門縣知縣辛酉復除東明縣卒

陳子佐

字道誨號霞山治詩經戊寅年十一月初六日生
福建泉州府惠安縣人　觀工部政

曾祖元翰
祖文奎
父璿　贈戶部主事加郎中
嫡母桂氏贈安人加贈宜人　生母楊氏贈安人加贈宜人
己酉鄉試六十名
會試六十八名
廷試三甲一百四十六名

兄
弟子顯
娶黃氏　封安人加宜人
子懷慎　懷惇貢生　懷忭
授直隸崐山縣知縣庚申陞南京戶部主事癸亥復除
戶部丙寅陞員外丁卯陞郎中

趙孟豪

字汝興號南華治春秋戊寅年十一月十五日生

廣西桂林府全州人　觀都察院政

曾祖瑢　兄孟賢生員

祖晃散官　弟孟傑省祭　孟材生員　孟拯　孟彥　孟哲

父希尹典膳　娶唐氏

母廖氏　子一鵬舉人　一鶴　一鵠　一鵷　一鷬　一鶒　一鶞

庚子鄉試五名　授浙江太平縣知縣己未陞南京刑部主事辛酉陞郎

會試二百九十二名　中壬戌陞廣東僉事乙丑調貴州

廷試三甲九十九名

楊進道

字自勉號克齋治詩經戊寅年十二月初一日生

直隸廣平府曲周縣人　觀工部政

曾祖清

祖玉　壽官

父禮　典膳封戶部署郎中

母聶氏　封太安人

己酉鄉試三十五名

會試一百六十二名

廷試三甲四十九名

兄進科

弟進第

娶任氏　封安人

子正觀　正居　正蒙　正誼　正訓

授浙江海鹽縣知縣己未陞戶部主事壬戌陞署郎中

癸亥陞廣西僉事丙寅復除陝西丁卯致仕

盧煌

字道含號鶴川治易經戊寅年十二月二十六日生
河南鄭州人 觀吏部政
兄炳 煒生員
弟

曾祖善
祖志高壽官
父思齊生員封戶部員外
娶傅氏封孺人
母劉氏贈孺人
子敏政 朝政 從政
庚子鄉試五十三名
授行人司行人辛酉陞司副壬戌陞戶部 外乙丑陞陝
會試一百九十二名
西僉事丁卯致仕
廷試三甲一百九十二名

祝爾介

字維藩號潭石治詩經己卯年正月初五日生

浙江衢州府龍游縣人　觀吏部政

曾祖希福　兄爾耆教諭　爾昌監生

祖瑜贈主事　弟爾慶同知　爾科生員　爾道

父品參政　娶徐氏

母徐氏封安人　子宗伊生員　宗傅

壬子鄉試一百二十一名　授直隸太和縣知縣庚申致仕

會試二百二十名

廷試三甲一百十九名

吳朝儀

字子敬號會川治詩經己卯年正月二十六日生

江西撫州府臨川縣人　觀兵部政

曾祖永祥　兄

祖鳳文　弟朝賓

父仲恕 封南京工部主事　娶李氏 贈安人　繼娶李氏 封安人

母徐氏 贈安人 繼母閻氏　子應熊　應鰲

己酉鄉試七十七名　授浙江湖州府推官 辛酉 陞南京工部主事 乙丑 陞郎

會試一百五十二名　中 丁卯 致仕

廷試三甲一百四十二名

黃鶚

字子薦號竹岡治詩經己卯年二月十三日生

直隸揚州府泰州人　觀工部政

曾祖進　兄鵤

祖秀　弟鴡　鵬

父孝　娶王氏

母盧氏　子邦獻　邦翰

丁酉鄉試一百三十二名授江西分宜縣知縣己未調河南項城縣庚申陞南京

會試一百三十三名户部主事壬戌陞員外致仕

廷試三甲一百七十七名

孫大霖

字汝濟號雙湖治易經己卯年三月初四日生

浙江紹興府餘姚縣人　觀大理寺政

曾祖萱　壽官

祖綸

父友文　贈刑部主事加郎中

母許氏　贈安人加宜人

兄大寶　大用　大川　憲生員

弟大阜生員　大觀生員

娶孟氏贈安人　繼娶徐氏封安人加宜人

子

乙卯鄉試十六名授直隸保定府推官己未陞刑部主事丙寅陞員外郎

會試二百七十四名中

廷試三甲十二名

沈桂

字仲木號萬川治禮記己卯年三月初十日生

直隸廬州府無為州人　觀兵部政

曾祖渙　兄椿

祖安　弟橋　梓生員　朴　桐

父璋　娶朱氏

母何氏　子學古　學海　學知

乙卯鄉試一百九名　授江西鄱陽縣知縣辛酉調會昌縣甲子陞工部主事

會試一百六十四名　丙寅調湖廣承天府通判丁卯致仕

廷試三甲九十四名

劉穩

字朝重號仁山治易經己卯年三月十一日生
湖廣衡州府酃縣人　觀户部政

曾祖崇 知縣　兄朝會 生員
祖灝 醫官　弟稔 生員
父公泰 縣丞贈南京兵部主事　娶張氏 封安人
母孟氏 贈安人　子待舉　時舉　行舉　翔舉
癸卯鄉試四十二名　授南京兵部主事辛酉陞員外壬戌陞郎中癸亥陞廣東
會試一百三十四名　僉事乙丑陞副使丙寅疏請養病
廷試二甲八十四名

梁棟

字伯隆號吉軒治詩經己卯年三月十二日生

陝西西安衛籍鞏昌府安定縣人　觀吏部政

曾祖貳　兄

祖憲　弟

父錦　娶范氏　繼娶郭氏

母孫氏　子九賦

壬子鄉試四十七名　授直隷泰興縣知縣已未致仕

會試二百八名

廷試三甲五十五名

廖逢節

字應時號春泉治春秋己卯年三月二十九日生

河南汝寧府固始縣籍光山縣人　觀吏部政

曾祖信　兄

祖從政　弟逢吉　逢化

父鳳 贈戶部主事　娶朱氏 封安人

母楊氏 贈安人　繼母崔氏 張氏　子訓　誥　詔

丙午鄉試四十六名　授戶部主事 癸亥 陞郎中陞直隸永平府知府 丙寅 陞

會試二百九十九名　山西副使 戊辰 疏請致仕

廷試三甲一百九十九名

蘇朝宗

字汝見號納川治詩經己卯年五月初六日生

河南衛輝府汲縣人　觀禮部政

曾祖海

兄

祖澤　鄉耆

弟朝東　朝聘　俱生員

父相　主簿封御史

娶張氏　贈孺人　繼娶楊氏　封孺人

母張氏　贈孺人　繼母徐氏　封孺人

子時雨　甲子亞魁　時霖　時霈　俱生員　時雷　時霆　時霳　時霽

乙卯鄉試六十二名

丁巳授直隸大名府推官　癸亥復除順德府　甲子選江西

會試一百五十八名

道御史　戊辰陞山東參議

廷試三甲一百七十二名

陳萬言

字道襄號海山治禮記己卯年五月初七日生

廣東廣州府南海縣人　觀兵部政

曾祖勉

兄

祖琪

弟便殿人舉　萬脩萬昌萬積萬猷萬備萬𦕈萬瑝

父用燮　贈御史

娶王氏　贈孺人　繼娶關氏　封孺人

母余氏　封太孺人

子周

壬子鄉試十八名　授直隸池州府推官　辛酉選貴州道御史　戊辰陞江西

會試二百四十五名　提學副使

廷試三甲一百四十一名

俞汝咒

字器之號平岡治詩經己卯年五月十九日生
江西撫州府臨川縣人 觀工部政

曾祖孜　兄
祖翰　弟汝楫　汝諧　俱生員
父瑄　封刑部主事　娶許氏　封安人
母鄒氏　封太安人　子崇善　崇美
丙午鄉試二十三名　授刑部主事　乙丑復除陞員外郎中　丁卯陞邵武府知
會試二十二名　府
廷試二甲七十五名

葉宗春

字仁卿號鶴墩治春秋己卯年五月二十日生

直隸徽州府祁門縣人　觀吏部政

曾祖寧　兄

祖遠　弟宗昌　宗澤　宗盛

父寶贈戶部主事　娶張氏封安人

前母汪氏母方氏贈安人繼母程氏　子繼舜　繼文

丁酉鄉試五十三名授戶部主事癸亥復除陞員外甲子陞郎中乙丑陞金華

會試六十九名府知府

廷試二甲三十四名

夏時

字人正號陽衢治春秋己卯年六月初五日生

直隸松江府華亭縣人　觀都察院政

曾祖子真

兄昉

祖馥

弟

父充贈中書舍人

母石氏封孺人

娶張氏贈孺人　繼娶施氏封孺人

子文徵監生

己酉鄉試五名

授中書舍人辛酉選戶科給事中戊辰復除吏科

會試二百七十九名

廷試三甲一百名

袁大誠

字宗正號池南治易經己卯年七月初三日生
浙江寧波府鄞縣人　觀刑部政

曾祖隆觀　兄
祖溶　弟思誠生員　自誠
父琳贈南京吏部郎中　娶唐氏贈安人　繼娶應氏　陳氏封安人
母夏氏贈安人　子鳳表　鳳和
辛卯鄉試三十一名　授福建漳州府推官己未復除德安府壬戌陞南京吏
會試五十九名　部主事乙丑陞郎中丙寅陞福建僉事
廷試三甲一百十二名

李承芳

曾祖景譯封禮部員外

祖瑞

父伍

母劉氏

乙卯鄉試五十一名

會試二百九十三名

廷試二甲九十名

字伯輝號培原治易經己卯年七月十四日生

江西吉安府永新縣人　觀刑部政

兄承重監生承勛承業

弟承學承易承德承緒工部書寫承度承雍俱生員承龍承烈

承祖承裕承祚承祥

娶汪氏　子夢標　夢椿

未授官卒

張學古

字道夫號南洲治詩經己卯年七月十九日生

直隸真定府冀州南宮縣人　觀刑部政

曾祖通

祖智

父夲

母馬氏

兄稽古引禮舍人

弟

娶白氏

子中德生員　敬德　敏德　文德

己酉鄉試第六名

會試一百八十六名

廷試三甲三十二名

授浙江秀水縣知縣己未陞南京戶部主事壬戌陞員外癸亥謫潁州同知乙丑陞山西平陽府通判丁卯陞河南彰德府同知卒

袁隨　字民忱號竹溪治禮記己卯年八月三十日生

直隸揚州府通州人　觀都察院政

曾祖應部　壽官

祖棐

父淮　貴贈戶部主事

母宋氏　封太安人

己酉鄉試一百八名

會試五名

廷試二甲十二名

兄觀　生員

弟乾　生員

娶許氏　封安人

子九疇　九齡　九德

授戶部主事　己未陞員外　庚申陞郎中　辛酉陞嘉興府知府　甲子復除德安府　戊辰陞山西提學副使

傅思明

字遠甫號竹峰治詩經己卯年十二月十四日生

山東東昌府博平縣人　觀都察院政

曾祖岩　兄思恭通判　思敬

祖紘　弟汝梅舉人

父璿　娶張氏

母張氏　子恒　愷　悌　忭

丁酉鄉試五十二名　授山西高平縣知縣辛酉陞兵部主事癸亥陞員外陞

會試一百四十四名　四川僉事丙寅致仕

廷試三甲二百六十四名

劉思問

字汝知號紫山治易經己卯年十一月十六日生

河南懷慶府孟縣人　觀刑部政

曾祖整　兄

祖玉　弟思獻 歲貢生

父武 贈御史　娶牛氏 贈孺人 繼娶王氏 連氏 封孺人 陳氏

母張氏 贈孺人　子承裕 承祐

丙午鄉試二十八名 授直隸蘇州府推官 己未 復除山西潞安府 壬戌 陞湖

會試七十一名 廣道御史

廷試三甲十五名

温如璋

字純甫號函野治易經己卯年十二月二十一日生
河南洛陽中護衛官籍山東青州府益都縣人觀吏部政

曾祖厚 指揮同知
祖勝 指揮同知
父新 戶部主事
母王氏 贈安人

兄如玉 指揮同知 如春 四川副使
弟
娶王氏 封孺人
子源 經魁 文

己酉鄉試七十五名授行人司行人祀選御史丙寅陞大理寺丞丁卯陞少
會試二百七十八名卿陞右僉都御史巡撫保定
廷試三甲一百五名

田稔

字應甫號育庵治書經庚辰年二月二十一日生

山東東昌府高唐州人　觀刑部政

曾祖琮　兄

祖正已衛知事　弟利

父愚夫驛丞封南京户部主事　娶王氏封安人

母劉氏封太安人　子時雨　澍雨　霖雨

己酉鄉試三名　授南京户部主事戊午陞員外郎中癸亥復除户部乙丑

會試一百二十六名　陞四川保寧府知府

廷試二甲十名

葛邦典

字叙卿號育菴治禮記庚辰年二月二十四日生
直隸蘇州府常熟縣人　觀工部政

曾祖嗣初
兄邦治　邦教　邦憲

祖剌
弟邦弼生員

父覃教諭封工部主事
娶陳氏贈安人　繼娶張氏封安人

前母李氏贈安人　母張氏贈安人
子大謨監生　大訓　大雅

乙卯鄉試五名
授工部主事庚申調刑部辛酉陞兵部員外甲子復除陞

會試二百一名
郎中乙丑陞汝寧府知府丁卯致仕

廷試二甲四十四名

蕭維翰

字良甫號麟橋治書經庚辰年五月初一日生

浙江嘉興府秀水縣人　　觀吏部政

曾祖瑾

祖容

父言訓導

母張氏

丙午鄉試五十三名

會試二百六名

廷試二甲八十一名

兄

弟維寧生員維城　維垣　維旬　維宣生員維新

娶錢氏　繼娶沈氏

子繼業　繼學

未授官戊午卒

薛曾

字師孔號南岐治詩經庚辰年六月初五日生

福建福州府福清縣人　觀戶部政

曾祖元敬　兄大　諾　祺　唯

祖文魁　弟潮　璞

父廷宣　封中書舍人　娶葉氏　封孺人

母黃氏　封太孺人　子雲路　雲岩　雲峰　雲峽　雲岫

乙卯鄉試六十六名授中書舍人甲子陞兵部主事調吏部丙寅陞員外陞

會試二百四十九名　四川副使

廷試三甲一百三十八名

楊汝輔

字惟德號見泉治詩經庚辰年六月初七日生

江西南昌府南昌縣人　觀禮部政

曾祖子楅　兄汝瑞 封南京刑部郎中

祖儁帶　弟汝允 禮部員外

父用中 主簿　娶李氏

嫡母張氏 母劉氏　子文美 文懋 文昊

丙午鄉試八十八名 授福建長樂縣知縣丁辛復除河南固始縣壬戌陞南

會試一百五名 京禮部主事[illegible]丁卯致仕

廷試三甲二十八名

商　詰　字[illegible]川治易經庚辰年六月十二日生
山東濟南府德州平原縣人　觀大理寺政

曾祖璉　兄臣　詔

祖質　弟

父古　娶宋氏

母趙氏　子

癸卯鄉試三十四名授直隸元氏縣知縣庚申復除肥鄉縣壬戌陞兵部主

會試一百七名　事甲子陞員外陞山西僉事乙丑疏請養病丙寅卒

廷試三甲一百三十四名

張贍 字惟慎號確齋治書經庚辰年六月十三日生
直隸揚州府高郵州人
觀戶部政

曾祖俊
祖昇
父經 歲貢生贈御史
嫡母高氏贈孺人繼母朱氏 尤氏 生母石氏贈孺人
庚子鄉試一百十八名
會試一百十五名
廷試三甲七十五名

兄銓 鈞
弟守中工部郎中 守謙 守正 守復 守泰 同甫 守坤 俱生員
娶丘氏 封孺人
子承叙 生員
授行人司行人己未選貴州道御史丁卯復除浙江道

鄭惟僑 字子愛號湘源治書經庚辰年六月二十日生
湖廣荆州府石首縣人 觀通政司政
曾祖 兄
祖文昕縣丞 弟惟和 惟中 惟寅貢生 惟吉
父璧 娶謝氏
母管氏 子濩 瀾 沈 泗
癸卯鄉試八十七名授江西分宜縣知縣乙丑復除直隸上海縣丙寅陞南
會試二百九十四名 京大理寺評事
己未廷試三甲一百八十七名

鄭大經 字正之號湘溪治易經庚辰年七月初三日生
浙江衢州府西安縣人 觀吏部政
曾祖淮 兄大綸
祖奎 弟大綬
父榷 壽官累贈吏科左給事中 娶徐氏 累封孺人
母王氏 累贈孺人 子維喬 監生 維獄 生員 維藩 維屏
壬子鄉試二十名 戊午授常州府推官 癸亥復除鎮江府 乙丑復除順德府
會試二百八十名 丁卯陞吏科給事中歷陞左右 戊辰陞本科都給事中
廷試三甲一百九十三名

李鍵

字廷守號鐵城治易經庚辰年九月初十日生

浙江處州府縉雲縣人　觀都察院政

曾祖顯 貢士

兄鏈 生員

祖長 户科給事中

弟陽泰 監生　陽會　鋘　陽吉　鏌　鋕 俱生員

父瑁 生員封工部主事加封光祿寺少卿

娶杜氏 封安人

母田氏 封太安人

子沛　淩

壬子鄉試十一名授工部主事歷陞員外郎中甲子陞光祿寺少卿戊辰

會試九十八名陞南京通政司參議

廷試二甲十四名

何顯淑

字晦仲號漢南治詩經庚辰年九月十六日生
四川嘉定州榮縣人
觀工部政

曾祖本新 義官
祖子奇 府同知
父魯 監生
前母胡氏 母陳氏
壬子鄉試五十八名
會試四十六名
廷試二甲六十名

兄
弟顓淑 巔淑 俱生員 顡淑 舉人 順淑 願淑
娶鄒氏
子儔 侶 脩
未授官卒

左鈞

字尚和[illegible]治書經庚辰年十二月二十八日生

保定府唐縣人 觀戶部政

曾祖祥　　兄鏞

祖暹 散官　　弟

父汝禎　　娶韓氏

前母李氏 母陳氏　　子維藩 監生 維垣 生員

丙午鄉試八十二名　　授浙江嘉善縣知縣 戊午卒

會試二百四十八名

廷試三甲一百五十五名

楊脩

字子吉號鏡谷治詩經辛巳年二月初五日生

四川順慶府南充縣人

觀戶部政

曾祖道達

祖錫

父沭 贈刑部郎中

嫡母馮氏 贈安人 毒氏 贈安人

壬子鄉試第七名

會試十九名

廷試二甲八十三名

兄儲 仕 監生 備

弟傅 倌 作

娶唐氏 封安人

子文舉 文進 文鑑 文嗣

授南京禮部主事歷陞郎中 丁卯 復除刑部 戊辰 陞雲

南僉事致仕

汪廷鉞

字彥舉號中灘治易經辛巳年二月初七日生

湖廣武昌府崇陽縣人　觀禮部政

曾祖仕恭 聽選官　　兄廷錫　廷鏡　廷對　廷銓 俱生員

祖祥 壽官　　弟廷鏢 生員　廷欽

父源大 贈户部主事　　娶饒氏 封安人

母戴氏 封太安人　　子氣清　質清

己酉鄉試二十名　授直隸任丘縣知縣 己未陞户部主事 壬戌陞員外 癸亥

會試一百五十六名　陞陝西僉事

廷試三甲九十一名

劉行素

字易甫號得菴治春秋辛巳年二月二十五日生
直隸保定府安州高陽縣人　觀都察院政

曾祖銘　兄
祖景祥封刑部員外　弟行可　行簡生員　行忠　行恕生員　行義
父恩左參議　娶王氏
母高氏封宜人　子似鯨　似麟
丙午鄉試八十名　授中書舍人己未選南京御史壬戌陞山西僉事甲子陞
會試二百十五名　河南參議丙寅陞副使
廷試三甲三名

孟洙

字魯川號文泉治易經辛巳年四月初五日生

河南開封府祥符縣人　觀通政司政

曾祖信

兄淮應天府尹　澤舉人　津舉人

祖喜

弟浴　洽

父廷蘭封大理寺寺正加郎中

娶左氏封安人

母謝氏封孺人加太安人

子兆先　兆禎　兆祉

壬午鄉試三十名授行人司行人辛酉陞刑部主事癸亥陞員外甲子陞郎

會試二百四十六名中戊辰復除陞尋甸軍民府知府致仕

廷試三甲一百八十一名

龔芝

字應生號瑞山治書經辛巳年五月十一日生
浙江紹興府會稽縣人 觀大理寺政

曾祖球 通判　兄
祖鍔 贈兵馬指揮　弟芹 巡檢 蓋 華 著
父澍 兵馬指揮　娶朱氏
母金氏贈安人 繼母沈氏封安人　子雲飛 生員 雲仍
壬午鄉試三十九名 授廣東南海縣知縣 己未陞南京刑部主事 乙丑調河
會試六十二名 南泌陽知縣 丁卯陞福建漳州府同知
廷試三甲五十四名

范宗吳 字希淹號滹汀治書經辛巳年六月二十一日生
直隸真定府晉州人 觀禮部政

曾祖興 兄宗道

祖友才 弟

父蓋 主簿贈推官 娶谷氏 贈孺人 繼娶 氏 封孺人

前母趙氏 母李氏 贈孺人 子養蒙 養浩

己酉鄉試二十一名 授山東濟南府推官 辛酉選南京兵科給事中 乙丑陞

會試一百九十四名 山東兗州府知府 丁卯致仕

廷試三甲一百七十一名

盧仲佃

字汝田號懷莘治易經辛巳年七月初七日生

浙江金華府東陽縣人　觀都察院政

曾祖楷 觧元

兄仲卿 生員　仲器 監生

祖聯

弟仲山　仲岳　仲錦 俱監生　仲祁 生員　仲鰲 舉人　仲球 監生

父堯謨 監生贈兵部員外

仲音 生員　仲訓 監生　仲易　仲書　仲詩

母鄭氏 贈安人加宜人

娶胡氏 封安人加宜人　子洪夏 舉人　洪秋　洪冬 俱監生　洪閏

壬子鄉試二十五名　授福建晉江縣人 己未 調福安縣 辛酉 陞刑部主事 乙丑 調

會試一百九十九名　兵部 丙寅 陞員外郎中 丁卯 陞四川成都府知府

廷試三甲三十六名

吳文華

字子彬號小江治易經辛巳年七月初八日生

福建福州府連江縣人　　觀吏部政

曾祖寅　訓導　　兄

祖璁　贈南京禮部郎中　　弟文峯　文炳生員　文英　文莊生員

父世澤　按察司副使贈中憲大夫　　娶王氏　贈安人　繼娶陳氏　封安人

母陳氏　封宜人加封太恭人　　子夢雷

乙卯鄉試三十名授南京兵部主事辛酉陞員外郎中癸亥陞湖廣提學

會試八十名僉事乙丑陞四川參議戊辰陞廣西提學副使

廷試二甲五十名

鄒善

字繼甫號潁泉治春秋辛巳年七月十九日生

江西吉安府安福縣人　觀刑部政

曾祖思傑封評事　兄義舉人　美舉人

祖賢僉事贈奉政大夫　弟養　蓋

父守益南京祭酒贈禮部右侍郎　娶陳氏封安人加恭人

母袁氏贈淑人　繼母李氏封淑人　子德涵舉人　德溥

乙卯鄉試六十五名　授刑部主事　庚申陞員外　辛酉陞郎中　丙寅復除陞山東

會試一百四十七名　提學副使

廷試二甲四十名

陳南金

字子兼號泰宗治易經辛巳年八月初一日生

浙江紹興府餘姚縣人　觀禮部政

曾祖詠僉事

兄銓主簿　鉞州吏目　鈺典史　鉦巡檢　鏡

祖良節散官

弟止　錀　東銘生員　西銘醫士　鑾吏目

父祐生員恩授冠帶

娶尹氏

母黃氏

子希伊　希伋　希仲　希仁

癸卯鄉試四十九名授工部主事庚申致仕

會試七十七名

廷試二甲二十二名

王汧

字道徵號松川治春秋辛巳年八月初四日生
順天府平谷縣人　觀通政司政

曾祖瑁
兄沭　治

祖琳　封御史
弟

父鏜　河南副使
娶宋氏

母許氏　封孺人
子嘉遇　嘉訓　嘉善　嘉嗣　嘉運

癸卯鄉試五十九名授河南固始縣知縣丁巳改直隸嘉定縣知縣己未陞戶部
會試二百六十五名主事致仕
廷試三甲八十五名

胡順華

字賓南號龍崗治書經辛巳年八月十三日生

湖廣常德府澧州守禦千戶所軍籍武陵縣人觀吏部政

曾祖志 知縣

兄順明

祖翊

弟順文 順周 生員 順德

父繪 贈南京兵部員外

娶丘氏 封安人

母史氏 贈安人

子謂孝 謂友

壬子鄉試八十七名 授直隸興化縣知縣 庚申陞南京兵部主事 歷陞員

會試一百三十六名 外 癸亥陞江西僉事 乙丑陞參議 丙寅致仕

廷試三甲一百二十名

陳錫

字元之號南衢治春秋辛巳年九月二十四日生

浙江台州府臨海縣人 觀吏部政

曾祖迪 兄逢

祖玄平 弟

父宜嵩 娶金氏

嫡母翁氏 母趙氏 子生員清 渙

己酉鄉試五名 授禮部主事庚申復除致仕

會試一百一名

廷試二甲一名

楊成

字汝大號震涯治書經辛巳年十月初三日生

直隸長洲縣籍無錫縣人　觀刑部政

曾祖源　兄咸

祖瓊　弟

父啓明 生員贈工部員外加副使　娶周氏 贈安人加恭人 繼娶呂氏 封安人加恭人

母朱氏 贈安人加恭人　子崇雅　崇朴

庚子鄉試七十八名授工部主事己未陞員外壬戌陞郎中甲子陞浙江副使

會試五十一名　丁卯陞四川參政

廷試二甲二十五名

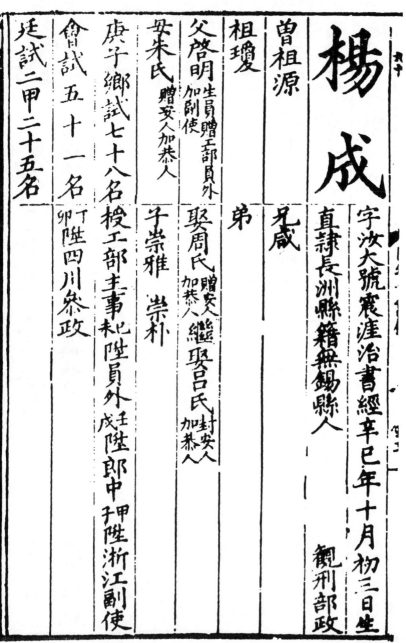

許自新

字試可號習盤治易經辛巳年十月十四日生

福建泉州府晉江縣人　觀吏部政

曾祖元學　兄

祖君錫貢士　弟知新　維新

父孟春封推官贈戶部員外加郎中　娶李氏封孺人加安人宜人

母傅氏封太孺加安人宜人　子爾瑾　爾璪

乙卯鄉試五十三名　授順德府推官　辛酉陞南京刑部主事　乙丑復除戶部

會試二十三名　丁卯陞員外　戊辰陞郎中　謫沅州知州

廷試三甲一百五十一名

張正謨

守以明號習川治易經辛巳年十二月十六日生
江西南昌府南昌縣人　觀大理寺政

曾祖玉輝　兄正和按察副使
祖大衍壽官　弟正思　正誼俱生員
父元芳封刑部主事　娶胡氏封安人
母盧氏封太安人　子守順　守貴　守賁
丙午鄉試七十八名授禮部主事辛酉陞員外壬戌陞郎中乙丑丁憂卒
會試二百十三名
廷試二甲三十二名

徐養相

字子存號近恒治禮記辛巳年十二月二十三日生

河南睢陽衛人　觀刑部政

曾祖榮　兄

祖通　弟養大（壬戌進士）　養麃（生員）　養蒙　養吾　養福

父翰（學士）　娶周氏

母吳氏　子

己酉鄉試四名　授浙江餘姚縣知縣　辛酉陞兵部主事致仕

會試一百八十五名

廷試三甲一百四十三名

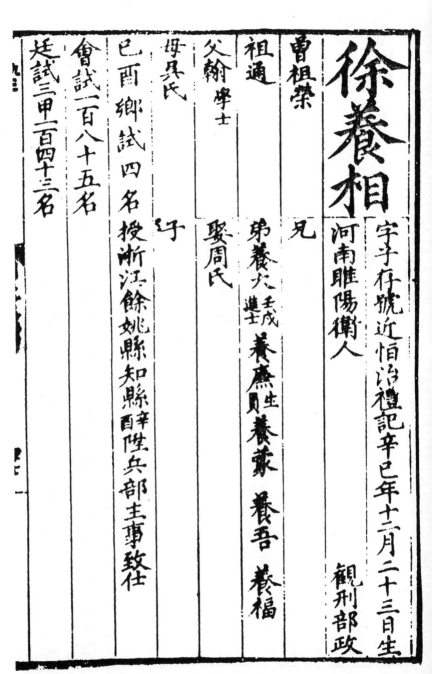

解明瑞

字希文號春宇治詩經壬午年正月初一日生
直隸建陽衛官籍山東東昌府莘縣人觀兵部政

曾祖政 指揮僉事
兄明士 武進

祖能 指揮僉事
弟明初 明善

父光 指揮僉事
娶林氏 贈安人加宜人 繼娶施氏 封安人加宜人

母蔡氏 贈安人加宜人
子士龍

丙午鄉試七名
授戶部主事 甲子陞員外郎中 戊辰陞四川副使疏請

會試七十八名
養病

廷試二甲八十七名

陳汲

字汝及號新河治春秋壬午年正月初四日生

直隸揚州府泰州人 觀戶部政

曾祖椂 訓導贈戶部郎中

兄淑 汶 俱生員

祖佐 壽官

弟洛

父鸞 援例千戶

娶潘氏

母徐氏

子應芳 應薦

乙卯鄉試三十一名

授刑部主事杞卒

會試二百五十二名

廷試二甲五十一名

宋纁　字伯敬號栗菴治易經壬午年正月初五日生

河南歸德府商丘縣軍籍　　觀兵部政

曾祖貴　　兄照　煦

祖謹鄉賓　　弟□

父霓贈御史　　娶朱氏封孺人

母靳氏贈孺人　繼母郭氏　劉氏　子治　洸

壬子鄉試五十一名　授直隸永平府推官壬戌選山東道御史

會試二百六十四名

己未廷試三甲八十三名

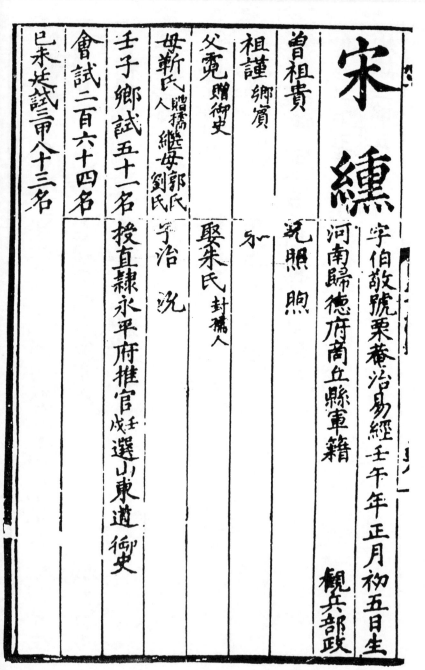

馮符

字信伯號五芝治春秋壬午年正月二十四日生

直隸長洲縣籍吳縣人　觀都察院政

曾祖禎　　兄

祖理　　弟笏舉人

父淮贈工部主事加知府　　娶趙氏封安人加恭人

母陸氏贈安人加恭人　　子

壬子鄉試二十九名授江西永新縣知縣己未陞工部主事壬戌陞員外癸亥

會試一百二十二名陞郎中乙丑陞江西撫州府知府戊辰疏請致仕

廷試三甲五十二名

馬文健

字體乾號西田治書壬午年正月二十五日生
山東兗州府鉅野縣人　觀大理寺政

曾祖周　兄
祖傑巡檢　弟
父誂生員　娶殷氏　繼娶李氏
母高氏　子振緒

乙卯鄉試十名授行人司行人己未選陜西道御史壬戌復除乙丑陞陜
會試八十一名西僉事丁卯改補四川
廷試三甲六名

鄒光祚

字承卿號鶴山治易經壬午年二月初五日生

江西饒州府鄱陽縣人 觀通政司政

曾祖廷瑞 兄

祖魯 生員 弟光裕舉人光禎生員光祖光禪光祜生員光袍光神光祿光禴

父麒 生員封刑部主事加封知府 娶邵氏 贈安人加恭人 繼娶葉氏 封安人加恭人

母吳氏 封太安人加恭人 子懋宗

壬子鄉試八十四名 授刑部主事 辛酉陞員外郎中 壬戌陞廣東肇慶府

會試一百十三名 知府 丙寅陞雲南副使

廷試二甲三十一名

九七

黃廷聘

字道行號瀾亭治易經壬午年十二月初七日生

湖廣永州府道州人　觀都察院政

曾祖文鉞 知縣

兄

祖琳 生員

弟廷卿 生員 廷恩 廷思 廷惠

父大義 生員

娶何氏

母周氏

子應元 應兆

丙午鄉試五十名授江西南昌府推官 己未 復除四川成都府 壬戌 選四

會試一百四十八名 川道御史 乙丑 陞貴州僉事致仕

廷試三甲十九名

林應雷

字宗復號豫齋治詩經壬午年四月十三日生

福建福州府閩縣人　　觀都察院政

兄宗武　應鯨

弟元立舉人應龍貢元亨生員應星

曾祖鏍

祖瀚

父德宏贈戶部主事加贈郎中

娶呂氏封安人加宜人

母呂氏贈安人加宜人繼母宋氏　子璽　瑜　珂

壬子鄉試八十八名　授直隸績溪縣知縣辛酉陞戶部主事甲子陞員外乙丑

會試一百七十二名　陞郎中丁卯陞廣東雷州府知府

廷試三甲一百六十三名

范以作

曾祖弘毅 助教
祖魯
父巡 生員贈刑部主事
嫡母劉氏 贈安人 生母鄧氏 贈安人
己酉鄉試七名 授行人司行人 己未陞刑部主事 癸亥陞員外郎中 甲子
會試一百五十名 陞湖廣鄖陽知府 乙丑調陝西漢中府 丁卯陞副使
廷試三甲一百四名

字甫新 號望洪 治易經 壬午年四月十五日生
四川叙州府富順縣人 觀吏部政
兄汝聰 汝元 以脩 以似 汝恭
弟以佩 生員
娶何氏 封安人
子岷望 岷啓 岷毓 岷獻 岷秀

傅希摯

守承弼號後川治春秋壬午年五月十三日生
直隸真定府深州衡水縣人　觀吏部政

曾祖能　兄希說生員
祖山　弟
父廣經歷贈戶部員外　娶劉氏封安人
母高氏贈安人繼母馬氏封太安人　子亶純
己酉鄉試五十九名授山西安邑縣知縣己未陞戶部主事癸亥陞員外甲子
會試二十五名陞郎中陞直隸淮安府知府戊辰陞淮揚兵備副使
廷試三甲八十七名

胡孝

字民行號順所治書經壬午年五月二十五日生

浙江仁和縣籍餘姚縣人

曾祖瑒

兄燁 一清 烱 恍

觀刑部政

祖尚才

弟一洲

父忠 封禮部主事

娶余氏 贈安人 繼娶聞人氏 封安人

母沈氏 封太安人

子

己酉鄉試六十七名 授禮部主事 庚申陞員外郎中 辛酉陞直隸徽州府知

會試一百六十九名 府致仕

廷試二甲二十六名

方岳

字鎮伯號南湖治詩經壬午年七月十五日生

山東萊州衛籍湖廣麻城縣人　觀工部政

曾祖政　兄獻

祖琮 知縣　弟

父鋭 義官　娶遲氏

母毛氏　子有秋

己酉鄉試十八名授直隸太平府推官己未復除大同府乙丑復除河間

會試二百十二名府選兵科給事中丙寅陞陝西僉事

廷試三甲十七名

潘清亶 字樹誠號雲巖治易經壬午年八月二十四日生
浙江紹興府上虞縣人 觀工部政

曾祖旻 贈兵部主事
祖應 贈工部員外
父武錫 應例冠帶
母馮氏

兄清正 清彥 清宦 清祜 俱生員 清文 省祭官
弟清立 清亮 清章 監生 清學 生員
娶趙氏
子斯益 斯升

壬子鄉試十八名 授直隸休寧縣知縣 己未 選御史 癸亥 陞湖廣僉事 乙丑
會試一百三十名 陞參議疏請致仕卒
廷試三甲三十四名

楊承閔

守子孝號水南治易經壬午年九月十八日生
浙江寧波府鄞縣人　　觀工部政

曾祖守隰　　兄承顏
祖茂禮　　弟承誨　承遠
父美琮　贈刑部郎中　　娶孔氏　封安人
母姜氏　贈安人　　子德先　德充　德亮　德見

已酉鄉試三十三名授刑部主事壬戌復除甲子陞員外乙丑陞郎中陞廣東
會試二百五十三名潮州府知府己巳調補雷州府
廷試二甲七十六名

伍典

字克從號慎齋治書經壬午年九月二十一日生

湖廣永州府祁陽縣人　觀禮部政

曾祖思誠　兄

祖嶽　弟

父鳳樓 生員贈户部主事　娶謝氏 封安人

母蔣氏 贈安人　子會極 歸極

壬子鄉試十二名　授户部主事辛酉陞員外郎中陞福建福州府知府

會試一百六名　乙丑復除四川順慶府丁卯陞陝西行太僕寺少卿戊辰

廷試二甲六名　謫福建運同

吳宗周

字文甫號郁峰治易經壬午年十月十五日生

直隸安慶府懷寧縣人　　觀户部政

曾祖熙　　兄

祖綱　　弟

父錦　　娶劉氏

母楊氏　　子嶽秀生員

丁酉鄉試九十七名　授湖廣黄州府推官辛酉復除漢陽府卒

會試一百二十一名

廷試三甲一百八名

李世藩 字邦鎮號龍岡治詩經壬午年十月二十四日生

直隸真定府趙州臨城縣人 觀都察院政

曾祖恭 醫學訓術 兄世芳

祖凰 恩例壽官 弟

父權 娶孫氏

母劉氏 子頡生員 顉

巳酉鄉試三十名 授山西臨晉縣知縣辛酉陞戶部主事甲子謫河南磁

會試一百八名 州同知丙寅陞直隸常州府通判丁卯陞松江府同知

廷試三甲一百四十七名

陸鳳儀

字舜卿號陽山治易經壬午年十月二十八日生

浙江金華府蘭谿縣人　觀兵部政

曾祖琅　兄

祖祝　訓導　弟鳳池　鳳起　生員

父儒　封知縣　娶趙氏　贈孺人　繼娶徐氏　封孺人

母胡氏　封太孺人　子思德

巳酉鄉試四十四名　授江西余干縣知縣辛酉選南京戶科給事中丁卯改

會試二百三十八名　吏科給事中陞右陞禮科左給事中奉

廷試三甲三十名　旨回籍

杜謙

字子益號受川治書經壬午年十一月初八日生
河南南陽府裕州人　　觀吏部政

曾祖全　　兄
祖奉　　弟誼
父文盛　　娶郭氏
母繆氏　繼母武氏　子鳴珂　鳴珮
壬子鄉試十四名授直隸宜興縣知縣𣏌陞南京户部主事致仕
會試二百八十一名
廷試三甲三十九名

黎民衷

字惟和號滄嶼治詩經壬午年十二月二十八日生

廣東廣州府從化縣人　觀戶部政

兄民表 南京兵部員外

弟民褱 生員

娶黃氏 封安人

子邦球

曾祖珪

祖元昌 封監察御史

父貫 前翰林院庶吉士 監察御史

母李氏 封孺人加太安人

壬子鄉試三十二名 授行人司行人 丁巳陞吏部主事 庚申陞員外 壬戌陞郎中 癸亥陞廣西叅政被難

會試二十六名

廷試三甲七十四名

李遂

字世田號左川治春秋壬午年十二月初四日生

直隸河間府景州人　觀都察院政

曾祖士昌　兄清　源

祖景　弟

父鉞 贈知縣　娶于氏 封孺人

前母邢氏 母王氏 封太孺人　子榛　棐

庚子鄉試五名授山西長治縣知縣辛酉選禮科給事中乙丑復除吏

會試二百二十七名科歷陞左右丙寅陞四川副使疏請致仕

廷試三甲一百三十二名

陸一鵬

字應程號南濱治禮記壬午年十二月十四日生
浙江紹興府餘姚縣人　觀吏部政

曾祖端　兄一龍　一鶴

祖懷　弟一鳳

父鐩　縣丞贈刑部主事　娶谷氏　封安人

母諸氏　贈安人　子夢圭　生員　夢卜　夢驄

己酉鄉試五十七名　授刑部主事壬戌陞員外郎中癸亥陞福建汀州府知

會試二百十一名　府丁卯調廣西梧州府

廷試二甲四十九名

陳瓚

字廷裸號雨亭治詩經壬午年十二月二十日生

直隸蘇州府常熟縣人　觀刑部政

曾祖立

祖復　府通判贈刑部郎中

父策　封知縣改封左給事中加封太常少卿

母呂氏　贈孺人加贈恭人

丙午鄉試二十一名

會試一百七十名

廷試三甲一百七十五名

兄

弟琦　琬　璲俱貢生　璟監生　瑋　珤　璨　瑞　玘

娶繆氏　封孺人加恭人

子禹謨　生員

授江西永豐縣知縣辛酉選刑科給事中歷陞左

癸亥回籍丁卯起補吏科左給事中陞太常寺少卿

邢守庭

字紹男號後坡治詩經壬午年十二月二十三日生

河南開封府許州臨穎縣人　觀吏部政

曾祖順　兄守度

祖文　生員　弟守愚

父城　通判贈順天府府丞　娶趙氏　封恭人

母杜氏　贈恭人　子

癸卯鄉試十一名　授行人司行人辛酉選兵科給事中歷陞右左兵科

會試一百七十九名　都給事中乙丑陞尚寶司卿丙寅陞順天府府丞戊辰改

廷試三甲一百九十六名　南京太僕寺少卿卒

陳桂

字儀甫號瀛南治書經壬午年十二月二十八日生

直隸河間府景州故城縣人　觀都察院政

曾祖倫 知縣　兄

祖汝爲 生員　弟旂 生員 旟 生員 遜

父治已 知縣封御史　娶蘇氏 封孺人

母靳氏 贈孺人　子積慶 繼登

壬子鄉試一百十八名　授山西平陽府推官 己未 選御史 丙寅 陞江西饒州府

會試二百六十一名　知府 丁卯 卒

廷試三甲二十名

鄭舜臣
字希仁號龍坡治詩經癸未年正月二十七日生
浙江山陰縣籍上虞縣人　　觀通政司政
曾祖子昌
兄
祖貴
舜民　舜治　舜卿　舜賓
父遂典史贈知縣
娶胡氏封孺人
母嚴氏贈孺人
子一麟舉人　一鳳　一驥
丙午鄉試十九名　授直隸歙縣知縣辛酉陞南京工部主事甲子謫河南
會試一百三十五名　鄧州同知乙丑陞福建汀州府通判丁卯陞直隸通州知
廷試三甲一百六十五名州

尹校

字原學號印石治書經癸未年三月二十五日生

錦衣衛官籍直隸徽州府歙縣人　觀吏部政

曾祖誠　封武略將軍

祖鎮　封武略將軍

父治　封武略將軍

前母胡氏　封宜人　母胡氏　封宜人

兄相　錦衣千戶

弟棠

娶林氏　封孺人

子文

丙午鄉試九十七名　授行人司行人　壬戌選南京御史

會試二百六十八名

廷試三甲一百九十五名

鄭旻

字世穆號鄒山治易經癸未年閏四月十二日生
廣東潮州府揭陽縣人　觀禮部政
曾祖孟猷　兄昂歲貢　生晸
祖鑾　弟
父鴻封兵部署員外加郎中　娶林氏封安人贈宜人
母沈氏封太安人贈宜人　子育壯　育巽
丙午鄉試六十二名授兵部主事辛酉陞員外壬戌陞郎中丙寅復除丁卯陞直
會試五十名隸大名府知府
廷試二甲八十五名

周舜岳

字良卿號盤峰治詩經癸未年五月十八日生

江西饒州府安仁縣人　觀工部政

曾祖輅訓導

兄舜元

祖珢生員

弟舜臣　舜賓

父應奎生員封知縣

娶范氏封孺人

前母董氏母吳氏封孺人
韓氏

子

壬子鄉試六十一名授直隸黟縣知縣改福建閩縣辛酉選兵科給事中

會試一百九十六名乙丑復除禮科陞右陞廣東僉事

廷試三甲九十七名

王用中

字汝一號鑑泉治書經癸未年六月十八日生
山西大同府大同縣人　觀刑部政
曾祖祥
祖達鴻臚寺序班贈登仕佐郎
父尚德歲貢
母張氏
癸卯鄉試二名
會試五十五名
廷試三甲六十三名
兄用賓知縣
弟用予
娶郭氏
子恂　慷
授山東平原縣知縣己未陞户部主事致仕

屠義英

字淳卿號秤石治易經癸未年六月十九日生

直隸寧國府寧國縣人　觀通政司政

曾祖祥興　兄

祖義　弟義民 生員

父龍 封戶部主事　娶馬氏 封安人

母程氏 封太安人　子玄祚　玄極

己酉鄉試一百十三名　授戶部主事辛酉陞員外壬戌陞郎中甲子調禮部陞浙

會試八十八名　江提學副使

廷試二甲四十七名

張天馭

字叔駕號淺齋治詩經癸未年六月二十四日生
觀工部政
直隸真定府深州人

曾祖讓
兄天與 天祐 天樞 天春(生員) 天衡 天祚(生員)

祖翰 縣丞贈刑部員外郎
弟天維 天祉 天益(生員) 天亨 天元(生員)

父文芊 知縣封戶部主事
娶鄭氏(贈安人) 繼娶魏氏(封安人)

母馮氏(贈安人) 繼母劉氏(封太安人)
子嘉澤 嘉治

乙卯鄉試六十名 授直隸當塗縣知縣(己未) 陞戶部主事(辛酉) 陞員外(壬戌)

會試二百三名 陞郎中(癸亥) 陞河南彰德府知府(丙寅) 陞陝西副使

廷試三甲三十三名 請致仕

夏可範

字子極號龍溪治禮記癸未年七月二十三日生

江西九江府瑞昌縣人　觀禮部政

曾祖應富　兄

祖福泰　弟可畏　可仕

父世臣　娶曾氏

母王氏　子正啓　正容

己酉鄉試四名　授工部主事壬戌復除刑部乙丑卒

會試一百二十五名

廷試三甲一百六名

江潮

字萬潮號仰峰治詩經癸未年八月十八日生

福建漳州府漳浦縣人　觀工部政

曾祖弘泰

祖子浩

父文會

母蔡氏　繼母蔡氏

壬子鄉試七十一名

會試一百六十名

廷試三甲六十五名

兄夢麟

弟龍濟　龍俱生員灖　漢

娶石氏

子雲梧　雲桐

授浙江永嘉縣知縣已未致仕

郭東

字仁府號春吾治詩經癸未年八月十八日生

山西澤州高平縣人　觀兵部政

曾祖宗 知縣　兄

祖峻 生員　弟

父紹芳 贈刑部主事　娶邢氏 贈安人　繼娶王氏　楊氏 封安人

母申氏 封太安人　子嗣燃　嗣炳　嗣煥

丙午鄉試二十名　授浙江嘉興縣知縣 癸亥 復除河南嵩縣 甲陞刑部

會試一百二十名　主事 丁卯 疏請終養

廷試三甲一百七十四名

蔚鍾

字萬鍾號龍田治詩經癸未年八月二十二日生

山東青州府壽光縣人　觀吏部政

曾祖自謙　兄鎮

祖堂　弟錢

父愷 贈工部署郎中　娶傅氏 贈孺人　繼娶馬氏 封孺人

母馬氏 封太孺人　子延僴

巳酉鄉試十名 授行人司行人巳未陞司副司正壬戌陞工部郎中癸亥

會試八十二名 致仕卒

廷試三甲二百九十一名

謝宗明

字子誠號葛山治春秋癸未年八月二十八日生

浙江紹興府會稽縣人 觀都察院政

曾祖會 貢士

兄

祖敬

弟宗文 宗皋

父綬 贈刑部主事

娶王氏 贈安人 繼娶林氏 高氏

母王氏 贈安人 繼母黃氏 封太安人

子光治 光溥

己酉鄉試四十七名 授刑部主事 庚申陞員外 辛酉陞陝西僉事 壬戌卒

會試九十二名

廷試二甲廿五名

崔吉

字子脩號樵野治易經癸未年八月二十九日生

廣東廣州府南海縣人 觀戶部政

曾祖世玎 兄

祖寅 弟喜 信 周 詹 麃 唐 麼

父德厚 封戶部主事 娶朱氏 封安人

母盧氏 封太安人 子

己酉鄉試十三名 授戶部主事歷陞員外壬戌謫山東德州同知乙丑陞

會試一百六十七名 福建福州府通判丁卯陞直隸德州知州

廷試二甲五名

申佐

字懋良號[illegible]治詩經癸未年九月二十四日生

直隸廣平府永年縣人　觀兵部政

曾祖廣　主簿贈兵部員外　兄

祖紀　壽官　弟

父成　贈推官　娶劉氏　贈孺人　繼娶蘇氏　封孺人

母魏氏　贈孺人　生母李氏　封孺人　子珩

乙卯鄉試一百四名　授湖廣岳州府推官　辛酉選浙江道御史　乙丑陞山東

會試八十四名　僉事　戊辰復除河南

廷試三甲一百十名

史官

字秉衡號前川治易經癸未年十月初七日生
山西平陽府翼城縣人 觀吏部政
曾祖鏞 兄載道 臣 府通判
祖瓚 弟書 王府典儀正
父全 贈御史 娶郭氏 贈孺人 繼娶呂氏 封孺人
母常氏 封太孺人 子邦治 監生 邦教 生員 邦憲 邦瑞 生員 邦傑 邦珍
巳酉鄉試五十二名 授行人司行人 辛酉 選南京御史 乙丑 陞山東東昌府
會試二百六十七名 知府 巳巳 復補大名府
廷試三甲二百九十四名

楊宗震

字中起號峨洲治易經癸未年十月初八日生

四川重慶府忠州墊江縣人　觀都察院政

曾祖志亨　兄

祖英　弟宗時

父朝 貢士封戶部主事 加封僉事　娶胡氏 封安人加宜人

母夏氏 封太安人加宜人　子發 詧 泰 春 秦 蓁

壬子鄉試二十六名　授戶部主事 癸亥陞郎中 甲子陞陝西僉事 丁卯陞河南

會試十八名　參議卒

廷試二甲三十名

胡文

字宣文號後林治詩經癸未年十月二十三日生

福建漳州府詔安縣人 觀戶部政

曾祖克茂 兄敎

祖洪睿 弟業

父濟 娶鄧氏

前母李氏 母沈氏 子士鰲 士[illegible]

己酉鄉試三十一名授行人司行人己未陞戶部主事丁卯改調浙江鹽運

會試二十四名司判官

廷試三甲九名

楊衍慶

字善甫號東臺治禮記癸未年十月二十六日生
牧馬千戶所軍籍江西宜春縣人　觀都察院政

曾祖一清　　兄
祖滋　　弟衍福　衍德
父隆贈御史　　娶李氏封孺人
母李氏贈孺人　毒李氏贈孺人　　子紹科
乙卯鄉試九十七名　授山東壽光縣知縣己未選雲南道御史乙丑陞陝西
會試二百三十二名　副使
廷試三甲六十七名

常三省

字希曾號魯軒治春秋癸未年十月二十九日生
直隸鳳陽府泗州人　觀戶部政

曾祖永　兄三錫
祖仁　弟三畏
父鑑 封禮部郎中　娶李氏 封安人
母陳氏 贈安人　子翹之 愼之

壬子鄉試一百十五名授江西吉水縣知縣己未陞戶部主事甲子復除兵部
會試十四名陞員外乙丑陞郎中[illegible]禮部丙寅陞湖廣參議戊辰[illegible]

阮自嵩

字惟中號小石治易經癸未年十一月初七日生

直隸安慶府桐城縣人　觀戶部政

曾祖暹　兄

祖廷瓚贈刑部主事　弟自岱生員　自崙舉人　自愷

父鵬監生　娶周氏

母胡氏　子沛　治

乙卯鄉試十一名授刑部主事丁巳調禮部庚申復除戶部辛酉謫湖廣沔

會試二十名陽州同甲子降灤州州判乙丑陞長蘆運判丙寅陞直隸

廷試二甲二十名滄州知州戊辰致仕

馮謙

守道光號菰川治詩經癸未年十一月十三日生

浙江寧波府慈谿縣人　觀工部政

曾祖汝富　兄

祖廷芝　弟讓

父文煥 贈南京禮部署郎中　娶董氏 贈安人 繼娶徐氏 封安人

母張氏 贈安人　子啓賢

己酉鄉試九十名授南京禮部主事己未陞郎中庚申陞山東僉事癸亥陞

會試三名　江西參議乙丑陞廣東副使

廷試二甲十一名

諸大綬

字端甫號南明治易經癸未年十一月十五日生

浙江紹興府山陰縣人

曾祖垌

兄大綱舉人 大紀 大續光祿寺監事 大纓聽選官 大繹東平州判官

祖宏七品散官

大綱 弟大約監生 大繡 大維

父宗輔吏目累贈侍讀學士 母陳氏封安人贈宜人 娶錢氏 封安人

承嗣父宗教累贈侍讀學士 母金氏累封宜人 子萬里生員 萬安 萬有

癸卯鄉試十六名授翰林院脩撰丁卯陞左春坊左諭德兼翰林院

會試二名侍讀陞侍讀學士掌院事

廷試一甲一名

毛自道

字子復號我山治詩經甲申年正月十三日生

山東濟南府德州平原縣人　觀都察院政

曾祖榮　兄自重　自立

祖玘　弟自得　自顯　俱生員

父愷　儒官贈户部主事　娶劉氏　封安人

前母李氏　母宋氏　封太安人　子

癸卯鄉試五十二名　授户部主事　癸亥陞員外郎中　乙丑陞山西平陽府知

會試一百十六名　府

廷試二甲六十一名

湯應科

字體良號五山治詩經甲申年正月二十七日生

福建龍溪縣籍漳浦縣人　觀都察院政

曾祖崇質　兄體頤

祖洪歲貢生　弟

父丕俊贈工部主事　娶吳氏封安人

母黃氏封太安人　子植標　植楷

乙卯鄉試八十二名授廣東番禺縣知縣辛酉陞戶部主事丙寅復除工部

會試七十六名戊辰陞員外

廷試三甲一百七十九名

黎桂

字克芳號念雲治易經甲申年正月三十日生

江西吉安府萬安縣人

觀刑部政

曾祖敬威

兄克明生員

祖湑生員

弟克敬 克恭

父達邦贈南京刑部主事

娶郭氏封安人

母匡氏贈安人

子韜

壬子鄉試九十三名

授南京刑部主事辛酉陞員外郎中壬戌陞福建僉事

會試一百四十一名

癸亥謫無為州同乙丑陞浙江台州府通判丁卯陞寧波府同知

廷試二甲四十一名

張人紀

字伯脩號肇泉治書經甲申年二月十七日生

直隸廬州府合肥縣人　觀大理寺政

曾祖烜　兄洋　澎

祖士禮　弟渙　浩　湧　範生員　邦紀生員　民紀

父輔儒官　娶韓氏

前母解氏　母牛氏　繼母楊氏　子

乙卯鄉試七十名授户部主事庚申卒

會試二十八名

廷試二甲四十八名

黃誥

字汝綸號慎菴治詩經甲申年二月二十一日生

廣東廣州府東莞縣人　觀刑部政

曾祖肇洪　兄

祖贇　弟謨　訓

父文昌　娶方氏

母衛氏　子

己酉鄉試十二名　授浙江臨海縣知縣辛酉陞直隸定州知州壬戌調晉

會試三百名　州丙寅復除江西寧州

廷試三甲二百七十六名

王尚直

字舉之號松坡治易經甲申年二月二十九日生
直隸永平府昌黎縣人　觀禮部政

曾祖英　兄尚質省祭　尚志　尚賢歲貢
祖恭贈御史　弟
父乾　娶白氏
母郭氏　子民豫

壬子鄉試七十八名授山西襄垣縣知縣己未陞工部主事庚申陞員外壬戌
會試二百八十五名陞郎中甲子疏請養病
廷試三甲四十三名

龔蕙

守季芳號益齋所治易經甲申年三月十五日生
直隸保定府安肅縣人 觀大理寺政
曾祖良器 訓導 兄蘭
祖寓 訓導 弟觀
父大倫 監生贈兵部主事 娶李氏 贈安人 繼娶張氏 封安人
母國氏 贈安人 子幼金
乙卯鄉試五十一名 授浙江嘉興府推官 己未 陞兵部主事 丙寅 陞員外 丁卯
會試二百八十三名 陞郎中 戊辰 陞陝西西安府知府卒
廷試二甲十六名

林德

字有本號壹江治詩經甲申年四月十三日生

福建福州府長樂縣人　觀刑部政

曾祖珣　兄

祖叔良　弟

父世仁　娶陳氏　繼娶鄭氏

母陳氏　繼母高氏　子

壬子鄉試八十四名　授江西高安縣知縣庚申陞湖廣德安府同知甲子復

會試一百八十八名　除直隸真定府戊辰降調廣東市舶提舉

廷試三甲四十八名

胡應嘉

字祁禮號杞泉治禮記甲申年四月十七日生

直隸淮安府沭陽縣人　觀兵部政

曾祖綱　封刑部主事贈都察院右副都御史

祖璉　户部右侍郎兼左僉都御史

父效忠　順天府通判

母佟氏

兄應恩　知縣　應捷　應徵　舉人

弟應來　應守　生員　應橋

娶徐氏　繼娶朱氏　吳氏

子

壬子鄉試三十六名授江西宜春縣知縣己未選吏科給事中甲子復除歷

會試三十名陞左右陞吏科都給事中丁卯謫泉州府推官陞南

廷試三甲四十五名京禮部主事郎中陞湖廣參議

程純

字子一號敬齋治易經甲申年五月二十四日生

河南汝寧府光州光山縣人　觀吏部政

曾祖子鑑　兄

祖敏　弟綸

父瑶　娶羅氏

嫡母項氏　生母任氏　子可久　可大

壬子鄉試六十八名授行人司行人丁卯降浙江布政司照磨陞直隸

會試二百四十五名　永年縣知縣戊辰致仕

廷試三甲一百八十四名

武建邦

字懋蓋號春林治書經甲申年六月十六日生
山東東昌府臨清州館陶縣人　觀工部政
兄建功生員　建勳生員

曾祖肅 縣丞
祖雲 壽官贈知縣
父德智 知州
母劉氏 封孺人贈安人　繼母郭氏 封安人
丙午鄉試十三名
會試四十三名
廷試三甲一百三十名

弟
娶王氏 贈安人　繼娶蕭氏 封安人
子耶遠　振遠
授河南鄢城知縣 壬戌 復除元城縣陞戶部主事 甲子
陞員外 乙丑 陞山西僉事 戊辰 陞湖廣參議疏請致仕

羅尚德

字希容號容齋治易經甲申年六月十九日生

山西平陽府臨汾縣人　觀通政司政

曾祖清

兄

祖讓

弟尚恩　尚綱

父永章

娶馮氏

母郝氏

子朋素

丙午鄉試五十二名授浙江紹興府推官丁巳卒

會試二百八十七名

廷試三甲二十一名

吳一介

字元石號菲菴治易經甲申年七月二十日生

直隸安慶府桐城縣人　觀禮部政

曾祖佐　兄一卞 生員

祖希瑞 生員　弟一中

父堂 生員贈工部郎中加贈知府　娶孫氏 封宜人加恭人

母江氏 贈宜人累贈恭人 繼母徐氏　子應宿　應辰　應寀

己酉鄉試一百四名　授河南光州知州 辛丑 復除鈞州陞工部員外 丙寅 陞

會試十二名　郎中陞浙江杭州府知府

廷試二甲二十四名

漆汝翼

曾祖桂

祖希顯

父星 生員

母陳氏

乙卯鄉試二十四名

會試一百七十六名

廷試三甲一百五十二名

字仲甫號南隅治書經甲申年八月十八日生

湖廣岳州府巴陵縣人 觀吏部政

兄汝器 生員

弟汝燏 汝贊 汝質

娶范氏

子源同

授河南彰德府推官 己未卒

曹梅

字子和號龍洲治書經甲申年九月初一日生

直隸河間府滄州鹽山縣人　觀都察院政

曾祖海　兄

祖孜知縣　弟

父顯義官　娶周氏

前母姜氏　母喬氏　子爾恭生員　爾徐　爾誠

庚子鄉試五十八名　授戶部主事癸亥謫陝西華州同知乙丑陞直隸淮安

會試一百十二名　府通判丁卯陞湖廣德安府同知

廷試二甲四十五名

張守貞

字從正 號碧泉 治易經 甲申年九月二十二日生

直隸河間府故城縣人 觀吏部政

曾祖得林 兄守志

祖和 弟守成

父進 娶顏氏 繼娶劉氏

母張氏 子宗載舉人 宗棫 宗枯

癸卯鄉試一百十九名 欽授戶部主事

會試二百八十九名

廷試三甲一百九十名

劉孝

字于仁號遂渠治書經甲申年十月初四日生
河南彰德府安陽縣人　觀工部政

曾祖廣聰　兄賢
祖繼宗　弟真　節生員
父陳廠贈知縣　娶張氏封孺人
母吳氏贈孺人繼母郭氏封太安人　子嘉慶　嘉會　嘉瑞
壬子鄉試四十二名授山西曲沃縣知縣辛酉陞禮部主事壬戌調吏部癸亥
會試一百四十三名陞員外甲子陞郎中乙丑養病
廷試三甲一百七十八名

耿定向

字在倫號楚侗治春秋甲申年十月初十日生

湖廣黃州府麻城縣人　觀吏部政

曾祖世膺　兄定策 生員

祖大振　弟定理　定力 舉人　定裕

父金 封御史　娶彭氏 封孺人

母秦氏 封太孺人　子汝愚

壬子鄉試二十七名授行人司行人己未選御史戊辰陞大理寺右寺丞辭

會試四名告

廷試三甲一百三名

皮豹

字文蔚號觔江治易經甲申年十月二十日生

應天府上元縣籍江西豐城縣人　觀吏部政

曾祖福應　兄

祖鈞　弟豸　貅

父絛 州判贈工部員外　娶朱氏 封安人

母胡氏 贈安人　子承志　承緒　承德　承道　承休　承業　承讌

己酉鄉試九十名授工部主事壬戌陞員外郎中乙丑陞山東鹽運司同

會試一百二名　知陞雲南　廣南府知府致仕

己未廷試二甲四十九名

項治元

字熙仲號星渚治春秋甲申年十月二十一日生
浙江嘉興府嘉興縣人　觀大理寺政

曾祖忠兵部尚書贈太子太保謚襄毅　兄元淳蘇州衛指揮　元深舉人
祖經進中奉大夫江西右叅政　弟元㴻錦衣衛千戶　元沭
父錫南京光祿寺卿　娶沈氏　繼娶徐氏
母倪氏封恭人　子時亨
壬子鄉試七十七名授刑部主事辛酉調吏部陞禮部員外卒
會試一百九十五名
廷試二甲六十四名

戴科　字朝賓號鍔臺治禮記甲申年十月二十五日生
福建興化府莆田縣人　觀戶部政
曾祖淑威　兄
祖允勉 壽官　弟穆 生員 稼
父廷璋 通判　娶林氏 封安人
母彭氏 贈安人 繼母郭氏 封太安人　子宗灝 宗洛 宗洙
乙卯鄉試十三名　授戶部主事 己未陞員外郎中 辛酉陞四川敘州府知
會試二百五十七名　府 戊辰復除廣東廣州府
廷試二甲三名

尚德恆

字汝見號蘭谷治詩經甲申年十一月初十日生
四川順慶府南充縣人　觀禮部政
曾祖信　兄德新生員　德美　德純
祖廷璋　弟德懋
父益贈御史　娶楊氏封孺人
母馮氏封太孺人　子交　彦
壬子鄉試六十四名　授湖廣麻城縣知縣壬戌起復選御史
會試一百六十八名
廷試三甲六十名

任福民

字錫之號敬齋治詩經甲申年十一月二十六日生

錦衣衛籍山東青州府樂安縣人 觀吏部政

曾祖榮 兄

祖全 弟育民 濟民 惠民

父宜 娶楊氏

母裴氏 子應選

己酉鄉試五十四名 己未授刑部主事 辛酉卒

會試二百六十九名

廷試三甲二百名

韓君恩

曾祖聰 監生

祖璗

父永實 贈御史

母李氏 封太孺人

乙卯鄉試三十六名授直隷廬州府推官辛酉選陝西道御史戊辰陞浙江

會試一百十四名副使

廷試三甲二百八十二名

字元龍號月溪治春秋甲申年十二月二十六日生

山西澤州沁水縣人 觀大理寺政

兄

弟君相 君謨

娶李氏 封孺人

子可久 可敬 可愛

張文淵

字元靜號禹江治易經甲申年十二月二十五日生
四川順慶府西充縣人　觀都察院政
曾祖景原　壽官　兄
祖翔　吏目　弟
父騰霄　贈工部員外加郎中　娶李氏　贈安人　繼娶　氏　封安人加宜人
母陳氏　贈安人加宜人　子爲　旦　晨　旻
乙卯鄉試十九名　授户部主事　壬戌陞員外　丙寅復除工部陞郎中　丁卯陞
會試六十七名　山東萊州府知府
廷試二甲七十八名

杜思

字子睿號武川治易經乙酉年正月初三日生 觀吏部政

浙江寧波府鄞縣人

曾祖鎬

祖常 驛丞

父鸚 封工部員外郎 加封知府

母闞氏 贈安人 加恭人

兄恕

弟憲

娶虞氏 封安人 加恭人

子受采 受和

庚子鄉試五十五名授工部主事己未陞員外庚申陞郎中壬戌陞山東青州府知府丁卯陞湖廣副使

會試二百二十四名

廷試二甲三十三名

陳善道

字伯敬號靜齋治詩經乙酉年正月二十七日生

直隸保定府蠡縣人　　觀戶部政

曾祖浩　　兄王道生員

祖秀　　弟

父邦佑贈推官　　娶馮氏封孺人

母李氏封太孺人　　子謙　讓　詡

壬子鄉試一百二十一名授浙江杭州府推官辛酉陞刑部主事癸亥陞員外

會試六十四名甲子陞浙江僉事丁卯陞河南叅議

廷試三甲一百七十名

鄒應龍

字雲卿號蘭谷治易經乙酉年二月初一日生

陝西西安府長安縣人　觀兵部政

曾祖秉直 州判官　兄

祖源 義官贈都察院左副都御史　弟應麟　應鳳

父景暘 累贈都察院左副都御史　娶張氏 累封淑人

母陳氏 累贈淑人　生母虞氏 累封太淑人　子紹美 恩生

乙卯鄉試九名　授行人司行人 辛酉 選御史 壬戌 陞通政司參議 乙丑

會試二百九十八名　陞大理寺少卿 丁卯 陞太僕卿太常卿陞大理寺

廷試三甲一百二十六名　卿 戊辰 陞都察院左副都御史

黎元

字叔期號少朴治詩經乙酉年五月初九日生

四川重慶府涪州人

曾祖輜　　兄

祖永厚　　弟

父萬斗封南京户部員外郎　　娶張氏封安人

母夏氏封太安人　　子之望

壬子鄉試六十三名授陝西盩厔縣知縣己未陞南京户部主事辛酉陞員

會試五十四名外艱癸亥陞福建僉事戊辰復除山東

廷試三甲九十三名

百六九

孫詔

字朝宣號壯野治書經乙酉年五月二十一日生

浙江嘉興府嘉興縣人　觀都察院政

曾祖　兄

祖江　弟應科

父能封工部主事　娶鍾氏贈安人　繼娶俞氏封安人

母李氏贈安人　子叔文

壬子鄉試七十一名　授工部主事壬戌陞員外癸亥陞郎中丁卯致仕

會試二百七十五名

己未廷試二甲四十五名

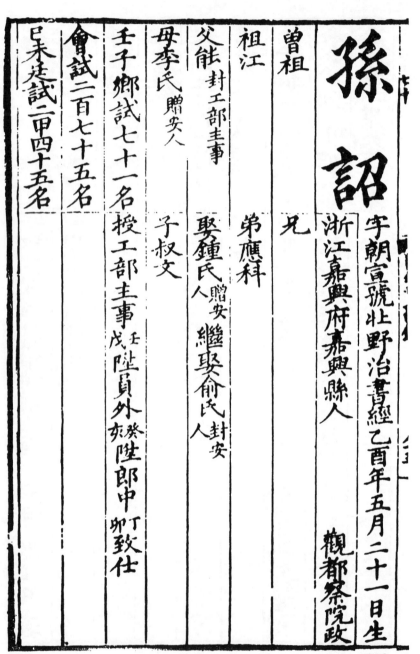

李維

字國張號渦川治詩經乙酉年六月十三日生
直隸鳳陽府壽州蒙城縣人　觀禮部政
曾祖子忠　兄純
祖鉞　弟絡 生員 綵　紀　緯
父孟學　娶王氏
母王氏　庶母戴氏　子
乙卯鄉試八十三名授浙江海寧縣知縣辛酉陞南京大理寺評事致仕
會試一百七十七名
廷試三甲一百五十六名

陳一謙

字用豫號文峰治詩經乙酉年七月十四日生

廣西梧州府鬱林州人　觀通政司政

曾祖鳶

兄

祖瓚

弟一謨　一諫俱生員

父懋知縣

娶楊氏

母全氏　繼母吳氏

子魁

壬子鄉試十六名

授浙江平湖縣知縣已未陞南京工部主事致仕

會試一百三十一名

廷試三甲五十三名

董學

字希顏號愚齋治易經乙酉年七月二十五日生

浙江杭州府海寧縣人

觀禮部政

曾祖良

兄九思 九恩俱生員 鯤副使 夢鯉 炳 恩仁俱生員

祖巒

弟思禮 成章 成大俱生員

父翼生員封御史

娶徐氏封孺人

母楊氏封太孺人

子儒 偉 俊

乙卯鄉試十四名 授行人司行人已未選湖廣道御史

會試一百六十三名

廷試三甲十名

張焯

字雲京號蒓溪治春秋乙酉年七月二十八日生

福建福州府閩縣人　觀都察院政

曾祖銘　兄

祖濱七品散官　弟熣　熜　𬉼

父世範　娶方氏

母林氏　繼母林氏　子元芳　元慶

己酉鄉試八十二名　授浙江義烏縣知縣庚申復除直隸崑山縣壬戌調山

會試二百五名　東愽平縣致仕

廷試三甲八十五名

郜大經

字汝脩號北溪治詩經乙酉年八月初四日生

直隸河間府兵橋縣籍山西陵川縣人觀兵部政

曾祖淮　兄

祖琛 貢士　弟大觀　大鯤　大綱　大綬　大年　大有

父良臣 貢士　娶周氏　繼娶馮氏　田氏 封孺人

母杜氏 封孺人　子

乙卯鄉試四十名授江西吉安府推官庚申陞吏部主事壬戌陞陝西僉

會試二百三十五名事癸亥謫泰安州同知乙丑陞兗州府同知丁卯陞陝西

廷試三甲一百九名僉事戊辰陞參議

王三聘

字起莘號莘野治詩經乙酉年八月二十三日生

山西太原府代州人 觀大理寺政

曾祖忠 兄汝宣 汝詔

祖景華 弟

父沄 娶任氏

母李氏 繼母白氏 子鑑 鑌

丙午鄉試十八名授河南祥符縣知縣未已陞户部主事致仕

會試四十四名

廷試三甲二十六名

高啓

字叔崇號鶴池治易經乙酉年九月二十八日生

湖廣承天府京山縣籍鍾祥縣人　觀兵部政

曾祖讓　兄岱刑部郎中　嵩生員

祖鎮　弟舉舉人

父節署教諭舉人封刑部主事　娶魏氏

母李氏贈安人　子思誼

癸卯鄉試二名　授戶部主事己未調兵部卒

會試三十一名

廷試二甲七十二名

孫鑨

字文中號立峰治易經乙酉年十月十一日生
錦衣衛官籍浙江餘姚縣人　觀吏部政

曾祖新封刑部主事贈禮部尚書　兄鏌光祿寺署丞　鈳序班　鎡府同知　鈺管錦衣衛事都督僉事　鏓上林苑監丞

祖燧巡撫江西右副都御史贈禮部尚書謚忠烈　弟鋌左春坊左諭德兼侍讀　鈞戊辰進士　鑛官生　鑲

父陞南京禮部尚書贈太子少保謚文恪　娶錢氏封安人加宜人

母韓氏贈夫人　繼母楊氏封夫人　子如濵

癸卯鄉試二十名授兵部主事戊午陞員外癸亥復除陞郎中補會府[illegible]

會試二百十名補南京吏部

廷試二甲二名

胡定

字明仲號二溪治詩經乙酉年十月十九日生

湖廣武昌府崇陽縣人　觀大理寺政

曾祖文道　兄完　寧　宣　寬

祖仲福　弟賓生員　守　宗　寀

父濂知州贈奉直大夫　娶蔡氏封宜人

母戴氏封太宜人　子獻靖　獻臣

壬子鄉試三名　授浙江德清縣知縣己未陞禮部主事壬戌陞員外郎

會試一百十八名　中

廷試三甲七十名

楊標

字廷贍號澥川治詩經乙酉年十月二十三日生

江西臨江府清江縣人

觀禮部政

曾祖福田　兄

祖中達　弟楷

父天衢　娶熊氏

母王氏　子士溫　士良　士恭　士儉

乙卯鄉試六十六名授行人司行人壬戌選湖廣道御史

會試一百四十六名

廷試三甲七十六名

謝封

字天錫號芝巖治詩經乙酉年十二月十五日生
直隸廬州府無為州人　觀大理寺政

曾祖震　兄奎　生員
祖宣　弟壐
父憲　縣丞　娶魏氏
母丁氏　生母吳氏　子銘
乙卯鄉試一百十二名　授江西貴溪縣知縣庚申陞南京吏部主事郎中致
會試二百五十一名　仕
廷試三甲一百十八名

史永壽

字仁夫號靜菴治易經乙酉年閏十二月十三日生

山西平陽府翼城縣人　觀戶部政

曾祖廣　　兄永福　永祥　永禎　永祺　滿川　滿山

祖方　　弟

父大經　　娶闞氏

母賈氏　　子

己酉鄉試二十五名授直隸丹陽縣知縣己未改河南偃師縣卒

會試一百十七名

廷試三甲四十二名

何邦禮

字大中號理軒治詩經乙酉年閏十二月二十五日生
福建福州府福清縣人　觀大理寺政
曾祖纓　兄宗魯府同知　邦麟生員
祖文桀　弟邦顯　邦紀　邦程
父良贊　娶方氏
母王氏　子東桂　東煥　東燁　東墀
壬子鄉試二十三名授江西撫州府推官卒
會試十六名
廷試三甲一百五十名

杜華

字斂甫號慎齋治書經丙戌年正月十四日生

順天府霸州人　觀戶部政

曾祖清 歲貢生

兄

祖銘

弟芍 生員

父延齡

娶張氏

母司氏

子允繩　允繼　允緝

壬子鄉試十六名授山西聞喜縣知縣丁巳改直隸江陰縣庚申致仕丁卯

會試二百四十三名卒

廷試三甲一百二十二名

李邦義

字宜之號喻齋治易經丙戌年三月初三日生

廣東廣州府連州人　　觀刑部政

曾祖銘　　兄邦仁舉人

祖敬　　弟

父潮封知縣加順天府府丞　　娶鍾氏封孺人加恭人

母高氏封太孺人加恭人　　子元春　富春　得春　常春

乙卯鄉試四十五名　　授浙江上虞縣知縣辛酉選兵科給事中歷陞左右

會試一百七十三名　　戶科都給事中乙丑陞順天府府丞丁卯陞南京鴻

廷試三甲一百四十四名　　臚寺卿

張縉

字子忠號龍槐治詩經丙戌年四月十五日生

河南彰德府安陽縣人 觀大理寺政

曾祖海 兄經 綸 紀

祖左 弟紳 絅[illegible] 緯生員

父才廣 贈尚寶司卿 娶申氏 封宜人

前母李氏 母常氏 封太宜人 子

乙卯鄉試三十八名 授陝西鳳翔府推官 壬戌選刑科給事中 丙寅復除

會試一百五十五名 吏科陞工科右 丁卯陞通政司參議 改尚寶司卿

己未廷試三甲二百四名

劉應峰

字少衡號恭旦治易經丙戌年五月十二日生
觀禮部政

湖廣長沙府茶陵州人

曾祖宗玉

兄

祖洽

弟應嚴

父憲訓　封戶部主事

娶鄧氏　贈安人　繼娶張氏　封安人

母陳氏　封安人

子世棟　世楨

己酉鄉試六名

授江西南昌縣知縣己未陞吏部主事壬戌改戶部癸亥

會試二百二十八名

告改南京禮部陞郎中乙丑陞江西參議疏請終養

廷試三甲二十七名

黃鍷

字崇文號遂泉治書經丙戌年六月初十日生
浙江嘉興府嘉興縣人嘉興千戶所軍籍觀禮部政

曾祖鑑
祖盛禮部司務
父鶴年監生贈兵部主事加知府
母張氏贈安人加恭人

兄
弟鈁京縣縣丞鍃
娶葉氏贈安人繼娶陸氏封安人加恭人
子洪業監生洪憲解元洪度監生

丙午鄉試一百十三名授兵部主事壬戌陞員外甲子陞郎中陞直隸安慶府
會試二百六十三名知府戊辰陞湖廣副使
廷試三甲一百七名

曹一麟

字伯禮號瑞巖治書經丙戌年六月十四日生

山東青州府安丘縣人　觀兵部政

曾祖滕　貢士

祖光漢　貢士

父汝勳　貢士封南京吏部主事

母王氏　封太安人

己酉鄉試十一名

會試七十五名

廷試三甲四十六名

兄一麒　生員

弟一鳳　江西副使　一鶴　一鯨　一豸　一介

娶蕭氏

子應塤

授直隸吳江縣知縣　戊午致仕

王道充

曾祖謹

祖賓 訓導

父法

母陸氏

癸卯鄉試四十四名

會試一百三十二名

廷試三甲一百十一名

字懋中號慎齋治春秋丙戌年六月二十八日生

直隸蘇州府太倉州人 觀刑部政

兄道亨 道立 生員

弟道章 道肖

娶許氏

子昌祚 昌禧 昌祖

授福建延平府推官卒

柴祥

字汝嘉號醴泉治易經丙戌年九月初一日生

浙江杭州府仁和縣人　觀都察院政

曾祖智 典史

兄禎

祖銘

弟

父龍 贈中書舍人

聘李氏　娶虞氏 封孺人

母田氏 封太孺人

子應椿　應楠

丙午鄉試五十七名授中書舍人壬戌選南京御史疏請終養

會試四十一名

廷試三甲四名

邊維垣

字師甫號少微治書經丙戌年九月十六日生

四川成都府彭縣人　觀戶部政

曾祖仲賢　兄維化　維藩生員

祖洪　弟維屏生員

父載朝生員封南京工部主事　娶趙氏封安人

母葉氏封太安人　子一韓　一范

丙午鄉試四十九名授南京工部主事癸亥謫河南鈞州同知甲子陞山西平

會試三十五名陽府通判乙丑陞南京工部主事丁卯陞郎中陞福州

廷試二甲三十六名府知府

朱卿

字汝弼號忠齋治詩經丙戌年九月二十七日生
山西潞安府長子縣人　觀禮部政
曾祖浩　兄
祖順　弟鄉　臣
父定　壽官封戶部主事　娶宋氏贈安人　繼娶申氏封安人
母慕氏贈安人　繼母傅氏封太安人　子紹賢
乙卯鄉試十七名　授戶部主事壬戌陞員外陞河南僉事乙丑陞左參議
會試二百五十五名　丁卯陞山東副使
廷試二甲五十三名

薛一鶚　字應薦號四野治禮記丙戌年九月二十九日生
山西平陽府觧州芮城縣人　觀戶部政
曾祖宗　兄一鵬　一鶚
祖雄州判　弟一經
父充溥義官贈戶部主事　娶韓氏封安人
母董氏封太安人　子价　俊
乙卯鄉試四名　授戶部主事壬戌陞員外陞山東僉事致仕
會試七十九名
廷試二甲六十八名

陳選

字民秀號舜峰治禮記丙戌年十一月十三日生

福建泉州府晉江縣人　觀刑部政

曾祖馭　兄嘉謀陰陽官　奇謀

祖篤　弟鍵生員　會　簡　銘生員　騰　述

父寬封刑部主事　娶李氏贈安人　繼娶　氏封安人

母鄭氏贈安人　子應宣　應寀

乙卯鄉試四名授刑部主事歷陞員外郎中甲子陞江西臨江府知

會試一百三十九名府丁卯卒

廷試二甲八十九名

百九五

史朝宷

字升之號昇齋治易經丙戌年十二月初九日生
福建泉州府晉江縣人　觀工部政
兄朝賔應天府丞　朝宜副使　朝富知府
弟朝賓　朝官　朝守俱生員

曾祖茂仁
祖時泰
父宏璪
娶黃氏
前母洪氏　母黃氏
子繼佚　繼脩　繼保
壬子鄉試二十一名授户部主事卒
會試二百三十四名
廷試二甲五十九名

楊道亨

字豫甫號九華治詩經丙戌年十二月十五日生

浙江秀水縣籍直隸華亭縣人

觀禮部政

曾祖圭

祖獻

父應元 贈刑部主事 加贈郎中

母王氏 贈安人 加贈宜人 繼母馮氏 封太安人 加太宜人

壬子應天鄉試七十名

會試一百九十八名

廷試三甲七十三名

兄學時 監生 舉中

弟道貞 監生 于世 舉人 道通 道明 道腴 監生 道行

娶唐氏 封安人 加宜人

子繼芳 繼美 繼善 繼茂 繼英

授行人司行人 己未陞刑部主事 丙寅復除 丁卯陞員外

戊辰陞郎中 己巳陞直隸真定府知府

王嘉言

曾祖俊

祖岱

父瀌

母于氏

己酉鄉試六十三名

會試一百二十四名

廷試三甲一百十七名

字獻可號方齋治詩經丙戌年十二月十五日生

山東青州府臨淄縣人　觀通政司政

兄陳言生員

弟巽言生員　用言生員

娶趙氏

子孝嗣　忠嗣

授直隸東明縣知縣丁巳改江都縣庚申陞戶部主事

丙寅致仕

陳應詔

字仲龍號次山治詩經丁亥年正月二十七日生

直隸揚州府泰州人　觀都察院政

曾祖佐　壽官

祖鸞　安吉州判官

父沐　生員

母周氏

兄應雷　生員

弟應雲　生員

娶唐氏　繼娶王氏

子于國　于登

乙卯鄉試七十六名　授湖廣棗陽縣知縣丁巳改浙江桐鄉縣辛酉陞南京

會試四十二名　工部主事致仕

廷試三甲一百十五名

鄭鄉　字君輔號乾山治詩經丁亥年正月二十七日生
浙江寧波府慈谿縣人　觀兵部政
曾祖重　知府　兄昂生員　𨙸　邦中生員　郤　鄖
祖煒　弟印　鄰　鄐　鄲　鄗
父尚忠　生員　娶王氏
母鍾氏　子雲鸞
乙卯鄉試一名　未授官卒
會試一百六十五名
廷試二甲五十六名

周心易

字準卿號雙河治詩經丁亥年二月十九日生

山西平陽府絳州人 觀兵部政

曾祖方 兄

祖尚仁 弟書 詩

父南 生員 娶李氏 繼娶薛氏

母薛氏 子

乙卯鄉試六十四名 授直隸廣平府推官 己未 陞蘇州府同知卒

會試二十九名

廷試三甲七十七名

陶大臨

字虞臣號念齋治春秋丁亥年二月二十日生

浙江紹興府會稽縣人

曾祖憆 封工科給事中 贈兵部左侍郎

兄大順 工部主事

祖諧 兵部左侍郎贈兵部尚書謚莊襄

弟大恒 監生

父師賢 鴻臚寺主簿 封編脩

娶童氏 封孺人

母韓氏 贈孺人

子允宜 生員

巳酉鄉試三十四名授翰林院編脩丁卯陞侍讀

會試三十四名

廷試一甲二名

蔡國珎

字汝聘號見麓治詩經丁亥年二月二十三日生

江西南昌府奉新縣人　觀兵部政

曾祖俯　兄

祖鎮　弟國瑛 生員

父熖 贈南京刑部主事　娶徐氏 封安人

母李氏 封太安人　子公輔

乙卯鄉試二十三名　授南京刑部主事 辛酉 陞郎中 壬戌 調吏部 乙丑 陞福建

會試三十六名　提學副使

廷試二甲三十九名

周詩

字汝學號與庚治易經丁亥年三月十四日生
浙江杭州府錢塘縣人　觀都察院政
曾祖琪　兄河　漢
祖震　弟易　禮
父文冕　娶戚氏
母陳氏　子大毅　大瀛
己酉鄉試一名　授直隸南陵縣知縣壬戌復除任丘縣癸亥陞吏科給
會試七十四名　事中戊辰復除禮科
廷試三甲一百十六名

張科

字惟進號遠泉治書經丁亥年四月初一日生

江西九江府湖口縣人　觀兵部政

曾祖炫　兄

祖緝　弟秩

父價　封御史　娶潘氏　贈孺人　繼娶殷氏　封孺人

母劉氏　封太孺人　子繼芳

壬子鄉試七十二名　授中書舍人　己未　選御史　丙寅　致仕

會試三十三名

廷試三甲一百二十五名

王得春

字一元號仁菴治詩經丁亥年四月初五日生

山西平陽府解州安邑縣人　觀兵部政

曾祖子華

祖錫瓚

父惟　封御史

母樊氏　贈孺人

兄孟春　應春

弟仲春　遇春　生員　季春

娶張氏　封孺人

子承芳

壬子鄉試三十三名授陝西慶陽府推官己未選福建道御史丙寅復除

會試二百四十名戊辰卒

廷試三甲八十一名

李齊芳

字潔夫號巽川治詩經丁亥年五月初三日生
直隸廣平府成安縣人　　觀工部政

曾祖雄　　兄

祖堂　　弟

父靖省祭官封知縣　　娶蔡氏封孺人

母馮氏封太孺人　　子在門　在庭

丙午鄉試七十九名授山東歷城縣知縣辛酉陞户部主事丁卯謫陝西

會試二百三十七名同州同知戊辰陞山西澤州知州

廷試三甲一百六十一名

李用榮

字汝明號養虛治易經丁亥年五月初四日生
山東東昌府高唐州人
觀户部政

曾祖璘 州同
祖淮
父其松 知縣
母賈氏
壬子鄉試四十五名
會試二百四十一名
廷試三甲五十七名

兄用熒 生員
弟用燿 生員 用榮 用燈 用煇 用光 用燭 用煌 用熙 用炳
娶梁氏
子
授浙江山陰縣知縣改直隸吳橋縣庚申陞大理寺評事

張鳴瑞

字載禎號鳳山治禮記丁亥年五月十四日生

四川瀘州人　觀大理寺政

曾祖翔　兄鳳翼經歷

祖守道　弟鳴和知事　鳴世　鳴陽　鳴鏘[illegible]　鳴謙　鳴時

父愈知縣贈工科右給事中　娶鄧氏封孺人

母楊氏贈孺人　繼母李氏贈孺人　子錦　錫

乙卯鄉試六十九名授直隸潁上縣知縣戊午改儀真縣己未選兵科給事

會試六十名中歷工科右壬戌陞嘉興府知府

廷試三甲三十八名

姜廷珏

字國信號柏泉治易經丁亥年六月初三日生

山東萊州府掖縣人　觀通政司政

曾祖海　兄

祖蘭 壽官　弟廷璞

父迪 義官贈兵部署員外郎　娶呂氏 封安人

母孫氏 贈安人 繼母霍氏 王氏　子梅

己酉鄉試四十五名授兵部主事癸亥陞員外甲子陞職方郎中丙寅陞湖廣

會試二百十九名副使

廷試二甲六十三名

喬伊

字良相號華野治易經丁亥年六月十七日生 觀刑部政

順天府通州三河縣人

曾祖盛 大使

兄倫 佐監生 佑

祖景淳 壽官

弟傅生員

父志泰 縣丞封南京戶部署郎中

娶孫氏 封安人

母管氏 封太安人

子遂 迪 運

乙卯鄉試七十四名授直隸安慶府推官已未陞南京戶部主事歷陞員

會試二百六十二名外郎中致仕

廷試三甲七十九名

陳所學

字行父號海陽治書經丁亥年七月十四日生

浙江嘉興府海鹽縣人　觀吏部政

曾祖瓚

祖謙

父言　舉人贈中書舍人

母吳氏　封太孺人

壬子鄉試十二名

會試二百十七名

廷試三甲七十二名

兄

弟所見　生員

娶吳氏　贈孺人　繼娶包氏

子

授中書舍人　己未　選工科給事中　癸亥　復除　乙丑　陞直隸

河間府知府致仕

韓志

字子淳號蒼麓治書經丁亥年七月十六日生

四川瀘州衛官籍山東魚臺縣人 觀吏部政

曾祖敬

兄恩恭將懋 恐 愛 憲 穩 慈生員

祖琥 義官

弟

父鑾 典膳封吏部主事

娶王氏 封安人

嫡母許氏贈安人生母李氏贈安人

子偕甫武進士 仍甫 位甫

乙卯鄉試七名

授中書舍人己未陞吏部主事歷陞員外甲子陞文選

會試一百四十九名

郎中卒

廷試三甲七十一名

余良翰

字邦憲號梅岡治書經丁亥年七月二十四日生

江西南昌府奉新縣人　觀吏部政

曾祖瑞

祖孔曾

父蔦聽選官封刑部主事

母趙氏贈安人

兄良德　良能監生　良民舉人

弟良知吏員　良琥生員　良言

娶鄧氏封安人

子希尹

乙卯鄉試六十四名授刑部主事壬戌陞員外癸亥陞郎中甲子陞四川敘州府知府

會試一百六十六名

廷試二甲十七名

程汝盛

字以恒號鼎菴治易經丁亥年七月二十九日生

江西饒州府浮梁縣人　觀刑部政

曾祖萬善　兄汝昌舉人　汝榮生員

祖益昶　弟汝望

父仲生員　娶曹氏

母康氏　子

乙卯鄉試十九名　授直隸太平縣知縣戊午卒

會試二百五十三名

廷試三甲三十一名

陰武卿

字定夫號月溪治書經丁亥年九月二十三日生

四川成都府內江縣人　觀兵部政

曾祖柰　兄立卿生員　文卿

祖璽　弟惠卿　相卿　定卿　玉卿　長卿　和卿

父汝夏贈刑部員外　娶劉氏封安人

母洪氏贈安人　子鎔　鋐　鏄　鈁

乙卯鄉試一名　授南京戶部主事庚申復除刑部癸亥陞員外陞陝西

會試二十一名　提學僉事丙寅陞江西參議戊辰陞副使

廷試二甲二十三名

李時漸

字伯鴻號磐石治易經丁亥年十月十四日生

山東青州府壽光縣人　觀吏部政

曾祖隨　兄時濟工部主事　時升

祖海宣課司副使　弟時豫

父鏞縣丞封工部主事　娶孔氏封安人

前母馬氏贈安人　母劉氏封安人　子之兆　之光

己酉鄉試七十一名　授戶部主事甲子陞員外乙丑陞郎中丁卯陞湖廣岳州

會試二百七十二名　府知府

廷試三甲二百三名

侯廷柱

字子任號寄坡治易經丁亥年十月十九日生

山東青州府諸城縣人　觀戶部政

曾祖堂壽　兄位生員　爵　廷臣　廷相判官

祖鉞　弟廷石生員

父璧知州　娶趙氏

前母毛氏　母張氏　子永孚

壬子鄉試五十三名授山西襄陵縣知縣己未選刑科給事中陞右壬戌陞

會試一百二十八名河南南陽府知府癸亥致仕

廷試三甲五十八名

韓宰

字子衡號翊菴治詩經丁亥年十月二十一日生
直隸真定府趙州隆平縣人　觀工部政

曾祖純 壽官　兄守用 省祭 相
祖虎　弟臣
父儒 贈刑部員外　娶張氏 封安人
母王氏 封太安人　子思孔 思曾 思孟
乙卯鄉試八十二名　授山東青州府推官 辛酉 陞刑部主事 甲子 陞員外
會試五十二名　陞山西僉事
廷試三甲一百二十九名

沈寅

字敬叔號會峰治詩經丁亥年十月二十三日生

浙江紹興府山陰縣人　觀工部政

曾祖仲麃

祖鐳　省祭

父大經　贈中書舍人

母王氏　封太孺人

壬子鄉試一百十六名授中書舍人己未選刑科給事中歷陞左右工科都

會試五十八名給事中丙寅陞河南叅政

廷試三甲一名

兄

弟宏生員　寵聽選官　寵　寶俱生員　完　守　寀　察　官

娶徐氏　封孺人

子之冕　之章　之彥

鮑承蔭 字子傳號繼田治詩經丁亥年十月二十六日生

山西潞安府長治縣人　觀工部政

曾祖智　兄承恩　承志　承事　承先俱生員

祖才贈知縣　弟承訓生員　承嗣　承業　承芸　承華　承善

父龍進士前刑部主事　娶閻氏封孺人

母秦氏贈孺人繼母秦氏贈孺人　子邦臣

壬子鄉試三十名授中書舍人己未選浙江道御史丙寅陞大名兵備副使

會試二百四十二名戊辰陞山東參政

廷試三甲二名

牛鏡

字公照號近溪治詩經丁亥年十一月十二日生

直隸河間府獻縣人　觀户部政

曾祖貞　兄鑰

祖鳳訓導　弟鈿　鍈　錦

父垠歲貢生贈南京兵部郎中　娶趙氏封安人

母呂氏封太安人　子

乙卯鄉試五十二名授直隸上海縣知縣己未改丹陽縣壬戌陞南京兵部

會試八十七名主事癸亥陞員外郎中乙丑復除工部戊辰陞山東青州

廷試三甲一百五十三名府知府

張大猷

字元敬號秀巖治易經丁亥年十一月十二日生　觀兵部政

廣東廣州府番禺縣人

曾祖源清　兄

祖偉　弟大謨生員　要經武舉　大化生員　大適　大路生員　大立　大臨

父世著贈工部主事　娶林氏封安人

母招氏封太安人　子應旨

壬子鄉試一名　授工部主事癸亥謫河南鄭州同知乙丑陞大名府通

會試一百九十七名　判丁卯陞江西吉安府同知戊辰卒

廷試二甲八名

陳忠翰 字思翊號寅軒治書經丁亥年十二月十三日生

山東東昌府濮州人 觀吏部政

曾祖 兄忠誨 忠諫俱生員 忠藎 忠諤生員

祖通壽官 弟忠力 忠輔

父綸生員封太常寺博士加郎中 娶郝氏封孺人加宜人

母邢氏封太孺人加宜人 子可久 可大 可教

己酉鄉試三十九名授太常寺博士辛酉陞刑部主事甲子陞員外郎中戊辰

會試二百七十一名陞河南副使

廷試三甲一百八十六名

李啓昭

字升甫號印山治書經丁亥年十二月十四日生
湖廣黃州府蘄州衛人　觀工部政
曾祖珍　指揮同知　兄啓暘　指揮　啓暉
祖雄　指揮同知　弟啓晴　生員
父本　指揮同知　娶邵氏　封安人
母王氏　封恭人　子廷翰
乙卯鄉試七十六名　授江西瑞州府推官己未復除直隸廬州府壬戌陞南
會試一百九名　京戶部主事癸亥陞員外甲子陞郎中丁卯陞廣西南寧府
廷試三甲八十二名　知府

二百卜五

楊霆

字大威號古崗治詩經丁亥年十二月二十四日生

順天府順義縣人　觀吏部政

曾祖海　兄

祖玉　弟

父聰　娶李氏　繼娶辛氏

母張氏　生母張氏　子紹榮　紹奇

丙午鄉試六十七名授行人司行人壬戌選戶科給事中

會試二百六十名

廷試三甲一百八十七名

陳紀

字仲理號羽泉治易經丁亥年十二月二十七日生

福建建寧府甌寧縣人　觀刑部政

曾祖善安所鎮撫　兄教生員焜　照　炳　文炯　文炤生員

祖仕濂所鎮撫　弟

父樅　娶朱氏

母倪氏　子應銶　應鐸

乙卯鄉試三十四名　授湖廣漢陽縣知縣改浙江鄞縣己未選貴州道御

會試五十三名　史辛酉陞浙江僉事甲子陞廣東參議丁卯陞淮揚兵備

廷試三甲九十五名　副使戊辰起改廣東

錢于鄰

字震卿號惺初治易經戊子年正月初七日生

浙江嘉善縣籍直隸吳江縣人　觀禮部政

曾祖瀚　義官

兄

祖元　生員

弟于郊　于嘉　俱生員　于野　于磐　于石　于陸　于陵　于木

父天秩　生員封知縣

娶王氏　封孺人

母沈氏　封太孺人

子繼芳

丙午鄉試四十名授福建邵武縣知縣辛酉陞工部主事乙丑陞員外丙寅

會試一百三十七名陞四川僉事戊辰致仕

廷試三甲一百五十四名

劉志伊

字可任號重庵治易經戊子年正月二十二日生

浙江寧波府慈谿縣人 觀禮部政

曾祖鍊 贈禮部郎中

祖洪 贈工部主事

父廷詔 贈僉事

母羅氏 封太宜人

兄志業 南京刑部員外 志道 志大 俱生員

弟志偉志俊志在志佐志儱志信志健志僑志保

娶周氏 贈宜人 繼娶葉氏 封宜人

子協 恪

壬子鄉試二十八名

會試二百四名

廷試三甲十一名

授江西吉安府推官 己未 選江西道御史 癸亥 復除 乙丑 陞湖廣僉事 丁卯 陞福建參議

張一霽

字天九號襄野治易經戊子年三月十二日生

河南睢陽衛人　觀兵部政

曾祖安　兄一柱

祖順　弟

父琦贈戶部郎中　娶鄭氏贈安人　繼娶鄭氏封安人

嫡母喬氏贈安人　生母白氏贈安人　子德政

乙卯鄉試四十一名　授戶部主事壬戌陞員外癸亥陞郎中甲子陞湖廣衡州

會試二百五十六名　府知府戊辰陞陝西副使

廷試三甲七十八名

黃文豪

字國英號滄泉治易經戊子年三月二十三日生

福建漳州府龍溪縣人　觀戶部政

曾祖參　兄文溥

祖萬忠　弟文融　文傑

父日華　封工部郎中　娶李氏　封安人

母吳氏　封太安人　子一龍　一鳳　一麟

乙卯鄉試三十六名授工部主事己未陞員外郎中辛酉陞廣東廉州府

會試一百十六名　知府卒

廷試二甲二十一名

楊兆

字夢鏡號晴川治書經戊子年四月十八日生

陝西延安府膚施縣人　　觀大理寺政

兄知　唯　吉知府

曾祖春

祖威戶部郎中

弟栗

父本深監察御史

娶劉氏封安人

前母婁氏贈安人母忽氏封太安人

子汝勲

乙卯鄉試十二名授工部主事歷陞員外郎中改陞浙江紹興府知

會試二百九名府丙寅陞浙江副使戊辰復除大名兵備

廷試二甲八十名

李承式

字敬甫號見衡治詩經戊子年五月十一日生

山西大同府大同縣人　觀兵部政

曾祖興　兄承弼舉人

祖英　弟

父滿贈南京工部主事　娶郭氏贈安人

母衛氏贈安人　子植　梴

壬子鄉試六十四名　授浙江錢塘縣知縣庚申改直隸深澤縣乙丑復除固

會試二百十四名　安縣戊辰起復陞南京工部主事

廷試三甲一百七十三名

何維復

字可幾號禮齋治易經戊子年六月初五日生
廣東廣州府番禺縣人　觀刑部政
曾祖通　兄維藩
祖紳　弟維恒　維巽俱生員　維觀
父文琦　娶崔氏
母李氏　子
壬子鄉試三十三名授直隸潛山縣知縣紀陞南京户部主事致
會試一百四名
廷試三甲九十六名

蘇松

字真卿號晶山治易經戊子年六月十九日生

四川順慶府廣安州人 觀刑部政

曾祖盛 兄

祖賢 弟栢 檣

父宗哲 生員贈戶部員外 娶鄭氏 贈宜人 繼娶石氏 封宜人

母章氏 贈宜人 繼母談氏 封太宜人 子應期 應元

乙卯鄉試三十九名 授湖廣麻城縣知縣 甲子 復除長垣縣 乙丑 陞戶部主

會試二百五十九名 事 戊辰 陞員外

己未廷試三甲六十九名

介一清

字子澄號白石治詩經戊子年六月二十五日生

山西平陽府解州人　觀禮部政

曾祖德　兄

祖華　弟一濂生員一洲

父賓封兵部員外　娶袁氏贈安人　繼娶史氏封安人

母李氏封太安人　子夢蛟

己酉鄉試二十七名　授兵部主事歷陞員外郎中癸亥陞陝西延安府知

會試二百二十二名　府乙丑調湖廣鄖陽府[redacted]

廷試二甲八十六名

蔡明復

字以術號術吾治詩經戊子年六月二十八日生

福建漳州府漳浦縣人

觀工部政

曾祖達　兄

祖軏　弟中復生員 陽復 來復

父子選生員　娶陳氏

母陳氏　子騰奎

壬子鄉試五十八名授廣東潮陽縣知縣杞致仕

會試十一名

廷試三甲九十八名

馬出圖 字羲祥號草亭治春秋戊子年八月初一日生
山西遼州人 觀吏部政
曾祖貴 兄負圖生員呈圖
祖勸 弟獻圖 載圖生員陳圖
父震 娶郝氏
母許氏 繼母趙氏 子秉龍 化龍
丙午鄉試四名授直隸松江府推官己未選南京户科給事中壬戌陞
會試六十一名陝西僉事乙丑陞貴州參議戊辰陞四川副使
廷試三甲二十四名

陳聯芳

守以成號青田治詩經戊子年八月十八日生

福建福州府閩縣籍長樂縣人　觀戶部政

曾祖珏　兄桂芳

祖廷用　弟

嗣父鳳岐贈御史　嗣母林氏封太孺人　娶林氏封孺人

生父芹封御史　生母林氏封太孺人　子紹爽　紹忠

壬子鄉試六名　授浙江金華府推官己未選廣西道御史癸亥復除河

會試三十八名　南道

廷試三甲十三名

曹大川

字長融號白溪治詩經戊子年八月二十日生

四川重慶府巴縣人　觀戶部政

曾祖文德贈刑部主事　兄大倫生員　大田

祖勅刑部員外郎　弟大埜戊辰進士

父汴浙江布政司左叅政　娶任氏封安人

母鄧氏封太安人　子延訓　延誨　延訪

丙午鄉試三十九名授江西豐城縣知縣起陞刑部主事歷陞員外郎

會試九十一名中癸丑卒

廷試三甲四十一名

唐汝迪

字吉甫號惠菴治書經戊子年十月初三日生
直隷寧國府宣城縣人　　觀戶部政

曾祖儼　　兄汝棐
祖資　　弟汝建　汝選　汝逵　汝遵
父繼宗監生贈推官　　娶陶氏贈孺人　繼娶施氏封孺人
母袁氏贈孺人　　子

丙午鄉試二十八名授直隷真定府推官庚申陞吏部主事歷陞員外郎
會試二百二十五名中甲子請告
廷試三甲一百六十九名

徐紹卿

字靖甫號雲巖治禮記戊子年十月初九日生

浙江紹興府餘姚縣人　觀禮部政

曾祖雷　兄紹恕

祖訓　弟紹德　紹祉

父建 知縣封兵部主事　娶項氏 封安人

嫡母王氏 封太安人 生母王氏　子

己酉鄉試七十二名授刑部主事 戊午 調兵部 己未 陞員外 乙丑 復除陞郎中

會試一百三名　丙寅陞福建興化府知府

廷試二甲三十五名

熊偉

字廉秋號新溪治詩經戊子年閏十月初一日生

江西南康府星子縣人　觀刑部政

曾祖本明　兄

祖惟政　弟份生員價　僑

父祚生員封刑部主事　娶張氏封安人

母徐氏贈安人繼母程氏　子孔陽　詷陽

己酉鄉試十四名　授刑部主事壬戌陞員外癸亥陞郎中丙寅復除陞廣東

會試一百九十一名　肇慶府知府

廷試二甲七十三名

王凝

守道甫號凝菴治書經戊子年十一月二十三日生
湖廣襄陽府宜城縣籍江西安福縣人觀禮部政

曾祖廸義官　兄冲生員
祖澄巡檢　弟兆　準
父麒知州累封太常寺少卿　娶劉氏封安人加恭人
母沈氏封太安人加恭人　子巡

壬子鄉試一名授刑部主事戊午改兵部己未改禮部兼翰林院待詔
會試三十九名丙寅陞儀制司郎中陞光祿寺少卿丁卯陞太常寺少
廷試二甲三十七名卿

曹子朝

字以立號洵川治易經戊子年十二月二十八日生
直隸興州後屯衛籍蘇州府長洲縣人觀兵部政

曾祖昺 御醫
祖達 太醫院吏目
父應龍 生員封刑部主事
母黃氏 封太安人

兄良輔
弟子登 南京刑部郎中 子良 子學 子邦
娶胡氏 封安人
子

乙卯鄉試四十三名
會試六十三名
廷試二甲七名

授刑部主事 庚申陞員外郎中 壬戌陞山東兗州知府
癸亥謫浙江鹽運司判官 乙丑陞湖廣承天府通判 丙寅
陞本府同知

卞錫

字叔孝號潁山治書經己丑年正月初十日生

浙江嘉興府嘉善縣人　觀禮部政

曾祖翮 義官

祖訓 壽官

父玉 敕諭封中書舍人

母徐氏 封太孺人

乙卯鄉試二十四名

會試八十九名

廷試三甲一百三十七名

兄金鎡 倉大使 鎧 鑄 俱生員 鏈 鑑 鏊 生員

弟鎛 生員

娶吳氏 封孺人

子洪猷

授中書舍人 辛酉陞吏部主事 壬戌卒

勞堪

字君任號道亭治詩經己丑年正月二十日生

江西九江府德化縣人　觀都察院政

曾祖溥 貢士贈南京刑部員外　兄

祖傅相 工部郎中加正四品服色　弟

父思 生員贈禮部員外　娶高氏 贈安人 繼娶楊氏 封安人

母陳氏 封太安人　子

乙卯鄉試九十三名授刑部主事辛酉調禮部壬戌陞員外陞廣東僉事乙丑

會試二百二十九名陞浙江參議戊辰陞四川按察副使

廷試二甲七十七名

黃可大

字士弘號璧川治易經己丑年正月二十一日生

廣東廣州府番禺縣人

觀戶部政

曾祖繼祖　兄

祖璉　弟可造　可久　可謀　可訓

父文相贈戶部主事加贈僉事　娶梁氏封安人加宜人

母梁氏封太安人加宜人　子朝觀　朝貴

乙卯鄉試三十七名授戶部主事壬戌陞員外郎中癸亥陞福建僉事丙寅陞

會試九十四名湖廣參議戊辰陞廣西副使

廷試二甲六十九名

李廷觀

字明文號斗岡治詩經己丑年六月十七日生
江西南昌府豐城縣人　　觀禮部政

曾祖充實　　兄
祖光佩聽選官　　弟廷和　廷謨生員　廷章
父瓚知縣封主事加知府　　娶袁氏封安人加恭人
母夏氏封太安人加恭人　　子應期　應隆
乙卯鄉試六十八名　授南京兵部主事辛酉陞員外郎中甲子陞浙江湖州
會試四十八名　府知府
廷試二甲五十四名

唐九德

字伯懋號龍陽治易經己丑年九月初六日生

湖廣長沙府湘潭縣人 觀工部政

曾祖鉉 兄

祖奉 壽官 弟九華 儒士 九齡 九瀍 九賦

父篁 生員封戶部員外 加封知府 娶黃氏 封安人 加恭人

母許氏 贈安人 加恭人 繼母袁氏 石氏 子隆 陞

乙卯鄉試二名 授江西新喻縣知縣 己未 陞戶部主事 壬戌 陞員外 癸亥

會試四十五名 陞郎中 陞漳州府知府 戊辰 陞福建副使

廷試三甲五十名

唐景禹

字治卿號平川治書經己丑年九月十八日生

浙江紹興府餘姚縣人　觀都察院政

曾祖宗亮　兄景夔驛丞時清主簿景夔吏目

祖熑　弟

父霈　娶徐氏

前母丁氏　母黄氏　子

壬子鄉試八十名未授官卒

會試七十三名

廷試二甲二十九名

劉子延

字體仁號靜山治詩經己丑年十月十九日生

直隸河間府滄州人　觀大理寺政

曾祖慶　兄

祖珎 典史　弟子建

父金 省祭　娶傅氏

母王氏　繼母張氏　子彌馨

乙卯鄉試四十八名　授浙江慈谿縣知縣已陞南京工部主事致仕

會試一百八十三名

廷試三甲八十六名

孫夢豸 字應兆號梘窗治詩經己丑年十一月十三日生

山東萊州府平度州昌邑縣人 觀都察院政

曾祖瑪 壽官　兄夢麒 夢麟 俱生員

祖鸞 義官　弟

父義 散官封知縣　娶劉氏 封孺人

母宋氏 封太孺人　子

乙卯鄉試四十三名 授河南靈寶縣知縣辛丙選河南道御史

會試二百五十八名

廷試三甲一百四十八名

屠鏞

字希文號少谷治書經庚寅年正月初十日生

觀禮部政

浙江嘉興府嘉興縣人

曾祖衢

祖旭

父蘭

母仝氏　生母沈氏

壬子鄉試二十一名授直隸婺源縣知縣戊午致仕卒

會試十七名

廷試三甲九十二名

兄鍊大使鎡縣丞鑰布政司都事

弟鋐生員

娶張氏　繼娶顧氏

子元沾　元澤

戴廷志

字懋卿號陽山治易經庚寅年正月十七日生

湖廣辰州衛籍直隸丹徒縣人　觀都察院政

曾祖義

兄廷憲舉人　廷恩

祖源壽官

弟廷懿

父宿訓導

娶唐氏

母宋氏

子夢麟

乙卯鄉試五十九名

授浙江東陽知縣起改調江西分宜縣辛酉陞戶部

會試二百九十一名

主事致仕

廷試三甲五十一名

劉有誠

字存甫號西坡治易經庚寅年三月二十八日生
山西太原府永寧州寧鄉縣人　觀吏部政

曾祖世昌
祖經　生員
父希周　封刑部郎中
母白氏　封太孺人
己酉鄉試六名
會試二十七名
廷試三甲一百九十七名

兄孟夏　有孚　生員　有言　孟時
弟有恒　有信
娶鄭氏　贈孺人　繼娶曹氏　封孺人
子士弘　士毅　士俊　士傑　士端
授行人司行人己未陞司副辛酉陞司正癸亥陞刑部郎
中

林潤

字若雨號念堂治書經庚寅年五月初七日生
福建興化府莆田縣人　觀兵部政
曾祖祿　兄甘露　大圭生員　甘霖　甘澤　甘昇　大有生員　諧
祖調　弟江　瀾　大賓生員
父一鶴貢累贈僉都御史　娶蔣氏累封恭人
嫡母黃氏累贈恭人
生母黃氏累封太恭人　子先春　先芳　先茂
壬子鄉試五十三名授江西臨川縣知縣己未選南道御史丙寅陞南京通
會試一百　名政司參議丁卯陞太僕寺少卿改太常少卿陞右僉
廷試三甲六十一名都御史巡撫應天

施篤臣

字毅甫號恒齋治詩經庚寅年八月二十三日生 觀通政司政

直隸池州府青陽縣人

曾祖戩　兄堯臣副使歛臣舉人武臣指揮僉事奇臣

祖漢　弟問臣生員

父宗周贈工部主事　娶杜氏封安人

母徐氏封太安人　子於政

壬子鄉試七十五名　授工部主事癸丑陞員外郎中丙辰陞湖廣副使

會試二百二十九名

廷試二甲七十九名

姚體信

字汝達號華陸治詩經庚寅年九月初一日生

浙江嘉興府平湖縣人　觀禮部政

曾祖瑋　贈工部主事　兄一陽　一化　體道　俱生員

祖井　散官　弟體化　體儒　體仁　體德　體溫　一貫　俱生員　體倫

父籌　監生贈工部主事　體俊　體傑　體伊　體熊　體訓　體易　體立

母陸氏　封太安人　娶陸氏　封安人　子士麟　士鳳

乙卯鄉試八十六名　授工部主事　甲子陞員外郎中　戊辰陞河南南陽府知府

會試六十六名

廷試二甲六十七名

趙灼

字時萱號通方治詩經庚寅年九月十三日生

直隸松江府上海縣人　觀吏部政

曾祖錤七品散官　兄熤、燦生員煥舉人

祖璧聽選官　弟

父國監生封通政司右通政　娶唐氏封恭人

前母唐氏　母黃氏封太恭人　子

壬子鄉試四十四名授行人司行人己未選刑科給事中歷陞右左吏科

會試二百十八名都給事中乙丑陞太僕寺少卿丁卯改太常寺少卿戊辰

廷試三甲七名陞通政司右通政

林叢槐

字應昌號三莊治易經庚寅年九月二十五日生

福建泉州府同安縣人　觀工部政

曾祖魚溫　兄天德知州　叢梧生員

祖軒　弟叢櫝

父袍　娶黃氏

母葉氏　子

己酉鄉試五十七名授廣東饒平縣知縣辛酉陞南京戶部主事致仕

會試二百[illegible]七名

廷試三甲一百六十二名

郭志選

字舜舉號直齋治詩經庚寅年十月十八日生

宣府萬全右衛軍籍山西遶縣人觀大理寺政

曾祖恩　　兄志忠知縣　志廉

祖鉞　　弟志魁生員

父冕　　娶朱氏

母龔氏　　子郁

壬子鄉試七十九名授河南陽武知縣戊午復除吳江縣壬戌復除杞縣甲

會試二百六十六名陞刑部主事乙丑致仕

廷試三甲一百六十六名

張鳳来

字瑞虞號虞山治詩經庚寅年十月二十二日生

浙江嘉興府秀水縣人　觀禮部政

曾祖洪

祖楠

父寅　封刑部主事

母吳氏贈安人　繼母蔣氏封太安人

乙卯鄉試八十八名

會試九十九名

廷試二甲四名

兄

弟鳳儀　鳳璽

娶王氏　封安人

子

授刑部主事庚申陞員外郎中壬戌陞徳安府知府乙丑

陞江西副使丙寅改福建海道

鄭洛

曾祖臻 大使贈都察院右副都御史
祖隆 散官
父昱 舉人贈推官
母劉氏 封太孺人
乙卯鄉試八十六名
會試一百八十四名
廷試三甲一百二十七名

字禹秀號範溪治書經庚寅年十一月初六日生
直隸保定府安肅縣人 觀刑部政
兄漸 汴 濱 湖 渭知州 濟 涇 關里程生
弟潛 瀛
娶陳氏 封孺人
子材
授山東登州府推官辛酉選廣東道御史乙丑陞四川
參議丙寅改湖廣丁卯陞山西副使

張大業

字原德號新所治書經庚寅年十一月二十七日生

山東濟南府德州左衛人　御史部政

曾祖全　兄

祖贇　弟守業

父洪 贈南京太常寺博士　娶包氏 封孺人

母楊氏 贈孺人　子

乙卯鄉試七十三名　授南京太常寺博士辛酉陞戶部主事癸亥陞員外郎

會試一百十九名　中丙寅陞河南府知府

廷試三甲一百三十六名

徐必進

字以正號鏡川治書經庚寅年十二月初一日生
直隸廬州府六安州人　觀都察院政

曾祖鑑　兄
祖珊壽官　弟
父立監生封南京刑部郎中　娶汪氏封安人
母潙氏贈安人　繼母潘氏封太安人　子守謙　守愚

乙卯鄉試二十五名授福建福州府推官己未陞南京刑部主事辛酉陞員
會試一百八十名外壬戌陞郎中乙丑陞嘉興府知府
廷試三甲八十三名

鄭雲鎣

字邦用號文岡治易經庚寅年十二月初十日生

福建福州府閩縣人 觀都察院政

曾祖瑄贈戶部員外 兄

祖炤知府前翰林院庶吉士 弟雲鏊舉人

父璋生員封戶部郎中 娶陳氏封安人

母林氏贈安人 子

壬子鄉試八十三名授戶部主事辛酉陞員外壬戌陞郎中丙寅陞浙江副使

會試八十六名改廣西提學

廷試二甲六十二名

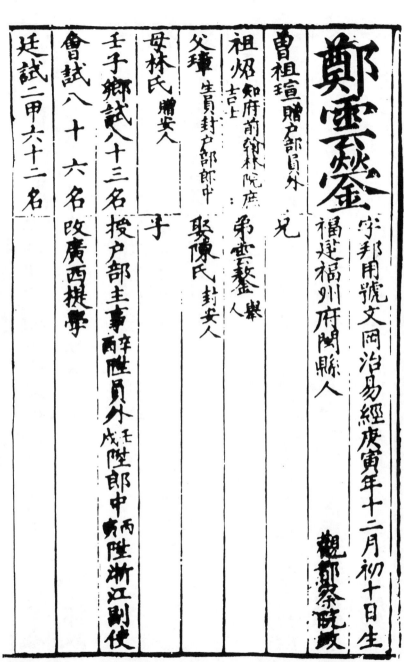

劉世昌

字仲積號驪峰治易經庚寅年十二月十五日生
陝西西安府高陵縣人　　觀工部政

曾祖昇 所大使　　兄世榮　世華

祖堂　　弟世遠　世寧

父朝用 贈南京兵部郎中　　娶梁氏 封安人

母李氏 封太安人　　子珍

乙卯鄉試五十七名授四川重慶府推官庚申復除太原府壬戌陞兵科給

會試二百九十五名事中癸亥降廣西平南典史甲子陞懷慶府推官乙丑陞

廷試三甲一百十三名南京兵部主事丙寅陞員外郎中丁卯陞青州府知府

郝杰

字彥甫號少泉治禮記庚寅年十二月二十八日生

山西蔚州軍籍

曾祖旺

兄本 生員

祖文達 贈知縣

弟

父銘 監察御史

娶吳氏 封孺人

前母王氏 贈孺人 母李氏 封太孺人

子滙 洛 潤

壬子鄉試十名 授行人司行人 辛酉選福建道御史 丁卯復除河南道

會試二百二十三名

廷試三甲一百八十三名

姜國華

字邦賓號甬洲治詩經辛卯年正月十二日生

浙江寧波府慈谿縣人　觀禮部政

曾祖淵

兄國泰　國藩　潮省祭　國秀

祖錦

弟國望生員　國器　國佐

父槐贈工部郎中加僉事

娶王氏封宜人

前母方氏王氏　母陸氏贈宜人

子應奎

丙午鄉試七十八名　授工部主事　癸亥陞員外郎中　乙丑陞河南僉事　戊辰陞

會試二百八十二名　陝西參議

己未廷試六十八名

王同倫

字仲衍號明齋治禮記辛卯年四月初七日生

河南衛輝府輝縣人　觀吏部政

曾祖昭　兄同文舉人

祖煦贈知縣　弟同遊生員　同和　同芳

父迕府同知　娶張氏　繼娶劉氏

前母劉氏贈孺人繼母姜氏封孺人生母李氏　子

乙卯鄉試三十九名　授直隸貴池縣知縣戊午改丹徒縣己未陞兵部主事

會試二百九十七名　致仕

廷試三甲一百三十五名

柴涞

宇季東號思齋治易經辛卯年四月初十日生
光祿寺籍浙江寧波府鄞縣人　觀刑部政

曾祖祚教諭　兄源

祖文達　弟

父金贈禮部員外　娶胡氏封安人

母王氏封太安人　子以升

乙卯鄉試三名授刑部主事辛酉調禮部壬戌陞員外癸亥陞郎中乙丑陞

會試一百五十九名山東副使丁卯改補福建

廷試二甲五十八名

倪光薦

字允賢號東洲治詩經辛卯年四月二十三日生

順天府薊州平谷縣人　觀通政司政

曾祖昇 知縣　兄光遠 生員

祖恕 義官　弟光夂 生員 光先 生員

父汝瀟 教諭累贈通政司左參議　娶王氏 累封宜人

母張氏 累封太宜人　子昌胤

壬子鄉試三十五名授直隸華亭縣知縣甲子選戶科給事中乙丑陞刑科

會試二百　名右工科左丙寅陞通政司左參議

廷試三甲一百三十三名

毛汝賢

字子官號建吾治詩經辛卯年五月二十日生

浙江嘉興府嘉善縣人　觀工部政

曾祖璋

祖宗顯

父儀封推官

母陳氏封太孺人

兄時翰　時敏生員　時乾　時敬生員

弟時式　時習　時轍　時教　時化

娶朱氏封孺人

子維祺

乙卯鄉試八十四名授直隸鳳陽府推官辛酉陞吏部主事癸亥陞員外甲子

會試九十七名陞郎中丙寅調刑部丁卯謫兩淮運判戊辰陞河間府同

廷試三甲一百十四名知

吳守

字化卿號陸橋治書經辛卯年五月二十三日生

湖廣荊州府宜都縣人　觀吏部政

曾祖明　封南京刑部郎中　兄

祖天俸　知府　弟容　寅　寀　宸　騫　賓　寬　定　宦　宏

父應秋　生員封中書舍人　娶向氏　封孺人

母向氏　封太孺人　子世美

乙卯鄉試十六名　授中書舍人辛酉選御史乙丑陞直隸太平府知府戊辰

會試二百五十四名　卒

廷試三甲一百六十七名

張士佩

字玟夫號濲濱治書經辛卯年七月初一日生

陝西同州韓城縣人　觀吏部政

曾祖營　兄士亨

祖傕　弟

父孟德　封推官　娶許氏　封孺人

母楊氏　封太孺人　子

乙卯鄉試十六名授浙江紹興府推官辛酉選南京江西道御史

會試二百八十六名

廷試三甲一百八十五名

李思悅

字子傳號仰山治詩經辛卯年八月二十五日生

廣東潮州府海陽縣人　觀兵部政

曾祖大受　封御史

兄思寅壬戌進士　思哲

祖春蕃　典膳

弟思惇　思成　思水

父一莊　通判封南京戶部郎中

娶蔡氏　封宜人

母池氏　封太宜人

子如膺

乙卯鄉試三十四名授直隸無錫縣知縣己未改浙江嚴州府壽昌縣壬戌

會試七十名陞應天府通判乙丑陞南京戶部主事丙寅陞郎中

廷試三甲一百五十七名

張問仁 字以元號春谷治書經辛卯年十月二十三日生

陝西西寧衛人 觀吏部政

曾祖武

祖經 縣丞

父萊 典膳封工部主事加封僉事

母趙氏 封太安人加宜人

兄問達 歲貢

弟問明

娶李氏 贈安人加宜人 繼娶 氏 封安人加宜人

子

乙卯鄉試四十二名 授山西澤州陽城縣知縣己未陞工部主事癸亥陞員

會試二百三十六名 外陞山東僉事乙丑改昌平道致仕

廷試三甲八十八名

嚴文梁

字子成號鳳臺治書經辛卯年十一月二十三日生
浙江湖州府烏程縣人　觀禮部政

曾祖綜　兄杰御史　文楨　文澣俱生員
祖鈞貢士　弟文炳　文科　文粹
父沇生員　娶胡氏
母錢氏　子景燿　景煒
乙卯鄉試六十二名　授刑部主事庚申卒
會試九名
廷試二甲十九名

孫丕揚

字叔孝號立亭治禮記壬辰年二月二十三日生

陝西西安府耀州富平縣人

觀戶部政

曾祖慶

兄

祖瓚 巡運大使

弟丕振

父惟謙 知縣封御史

娶田氏 封孺人

母李氏 封太孺人

子

壬子鄉試六十一名 授行人司行人 壬戌選御史

會試二百八十四名

廷試三甲一百三十九名

胡汝桂

字芳甫號小渠治詩經壬辰年三月初三日生

山東兗州府金鄉縣人　觀通政司政

曾祖鐸　兄

祖文　弟汝櫟　汝樞

父洞生員封中書舍人加郎中　娶蘇氏封孺人贈宜人繼娶　氏封宜人

母辛氏封太孺人加宜人　子

乙卯鄉試十四名　授中書舍人己未陞刑部員外癸亥調吏部歷陞郎中

會試一百八十一名　丁卯陞太常寺少卿　致仕

廷試三甲一百一名

羅崇謙

字思順號通泉治易經壬辰年四月十七日生

廣東廣州府番禺縣人　觀刑部政

曾祖彥麒　兄

祖翀　弟崇講　崇謹　崇讓　崇諧

父澈　娶陳氏

母何氏　子

乙卯鄉試六十七名　授江西興國縣知縣致仕

會試二百七十六名

廷試三甲一百五十九名

淩廸知

字稚德號繹泉治詩經壬辰年八月初三日生

浙江湖州府烏程縣人　觀吏部政

曾祖敷　兄

祖震訓導　弟述知　遇知生員　遜知

父約言南京工部員外　娶包氏封安人

母潘氏封太安人　子厓　釐

乙卯鄉試八十九名　授工部主事己未陞員外庚申謫定州同知癸亥陞大名

會試一百九十三名　府通判乙丑陞常州府同知丙寅致仕

廷試二甲六十六名

李際春

字應元號槐亭治詩經壬辰年八月十二日生

河南開封府杞縣人 觀通政司政

曾祖美

兄芬春 芳春生員 華春

祖岳

弟茂春生員 宣春

父東魯歲貢封南京太僕寺少卿

娶張氏贈恭人 繼娶劉氏封恭人 佘氏

母孔氏贈恭人 繼母邊氏封恭人

子來慶

乙卯鄉試十五名 授行人司行人壬戌陞尚寶司司丞乙丑陞少卿卿丙寅

會試二百十六名 陞南京太僕少卿戊辰改北京

廷試三甲五名

祝繼志

字汝德號成吾治詩經壬辰年八月二十七日生

浙江紹興府山陰縣人　觀都察院政

曾祖涇　兄

祖芹　弟繼恩

父禘 徵官封南京刑部郎中　娶茅氏 封安人

母茅氏 封太安人　子明盛

乙卯鄉試十三名授南京刑部主事庚申陞員外郎中陞江西僉事參政

會試二百二十六名陞叅議卒

廷試二甲四十六名

二百八五

辛自脩

字子吉號愼軒治詩經壬辰年十月初六日生

河南開封府許州襄城縣人　觀兵部政

曾祖訪 按察司副使　兄自明 舉人

祖溉 冠帶生員　弟自勉　自儆

父繼先 學正贈太僕寺少卿　娶黃氏 封恭人

母李氏 贈恭人 繼母張氏　子啓元　養元

己酉鄉試五十名授山西陽曲縣知縣庚申復除浙江海寧縣辛酉選吏

會試二百九十名科給事中歷陞左右禮科都給事中乙丑陞太僕寺

廷試三甲六十二名　少卿

曾省吾

字以三號確菴治易經壬辰年十一月十八日生
承天衛官籍江西彭澤縣人　觀通政司政

曾祖遜知縣　　兄東千户
祖煒贈刑部員外　　弟唯吾　宗吾俱生員　允吾
父璠刑部員外　　娶沈氏累贈恭人　繼娶覃氏累封恭人
母從氏累封恭人　　子大輿
乙卯鄉試四十三名　授四川富順縣知縣己未陞工部主事辛酉陞員外壬戌
會試二百三十名　陞郎中丙寅陞陝西提學副使
廷試三甲六十九名

晉應槐

字植吾號似齋治詩經癸巳年五月初二日生

山西平陽府洪洞縣人　觀通政司政

曾祖鍾　　兄

祖偉　縣丞　　弟應龍　應兆　應庚　應麟　應鸞　應期

父朝臣　知州　　娶鄭氏　封安人

母張氏　封太安人　　子承寵　承賜　承命　承忠

乙卯鄉試二名　授中書舍人戊午陞吏部主事歷陞員外郎中癸亥陞

會試二百三十三名　太常寺少卿

廷試三甲一百四十九名

張夢鯉 字汝化號龍池治詩經癸巳年六月十五日生

山東登州府萊陽縣人 觀刑部政

曾祖允 兄崇儒

祖相 弟

父錕 贈兵部員外 娶宮氏 封安人加宜人

母蓋氏 贈安人加宜人 子翼

乙卯鄉試十八名 授戶部主事 乙丑復除兵部 丙寅陞員外郎中 丁卯陞[illegible]

會試一百二十七名 封府知府

廷試二甲五十七名

黃鏌

字元威號南陽治詩經癸巳年七月初二日生　觀戶部政

福建鎮海衛銅山所人

曾祖敦敬　兄欽　鎬生員　鏌　鑭　錫　錦

祖玉生員　弟

父景瞻生員封戶部員外　娶劉氏封安人

母劉氏贈安人　子

乙卯鄉試五十名授戶部主事壬戌陞員外癸亥謫湖廣沅州同知乙丑陞

會試九十五名廣西柳州府通判丁卯陞湖廣靖州知州

廷試三甲九十名

薛守經

字子權號綱溪治書經癸巳年九月初四日生
廣東潮州府揭陽縣人　觀兵部政
曾祖瑞　兄守約
祖綱　弟
父能　娶翁氏
母謝氏　子紹芳
壬子鄉試二十名　授工部主事㥄卒
會試一百五十一名
廷試二甲七十一名

陳復升 字以見號見菴治詩經癸巳年十一月二十七日生

福建福州府長樂縣人 觀兵部政

曾祖文諒 兄

祖良瑞 弟

父有斐 生員封南京戶部郎中加封知府 娶王氏 封安人加恭人

母鄭氏 封太安人加恭人 子

乙卯鄉試六十四名 授廣東潮州府推官己未陞南京戶部主事歷陞員

會試一百十名 外郎中甲子陞廣州府知府戊辰陞廣東副使

廷試三甲十四名

方來崇

字士功號虛谷治詩經癸巳年十二月初八日生
江西南昌府新建縣人　觀工部政

曾祖鳳陰陽正術　兄
祖价典膳　弟來獻舉人來賀生員來賁
父一奎訓導　娶李氏
母楊氏　子
乙卯鄉試三十五名　授直隸無為州知州廣中陞刑部員外郎東致仕
會試二百七十七名
廷試二甲二十八名

李世達

曾祖寬

祖桼

父廷相 封吏部主事加員外郎

母王氏 贈安人加宜人

壬子鄉試二十一名

會試八十五名

廷試三甲二百二名

字子成號漸菴治書經癸巳年十二月十七日生

陝西西安府涇陽縣人 觀吏部政

兄世遠 世登 世逵 世春 世科 歲貢

弟世漸 世芳

娶吳氏 封安人加宜人

子梓 樟

授戶部主事 癸亥調吏部 丁卯陞員外 戊辰陞郎中

高察

字惟哲號太湖治詩經甲午年正月十七日生

四川成都府內江縣人　觀工部政

曾祖志堯　壽官

祖舉　教諭

父文瀚　貢士封吏部主事加員外加郎中

母李氏　贈安人加宜人

壬子鄉試五十六名

會試四十名

廷試三甲一百四十五名

兄遷　寀　從　俱生員

弟

娶吳氏　贈安人加宜人　繼娶劉氏　封安人加宜人

子樹德　樹業

授直隸潛縣知縣　庚申復除南樂縣　壬戌陞刑部主事

乙丑調吏部　丙寅陞員外　丁卯陞郎中

趙賢

字良弼號汝泉治易經甲午年正月二十五日生 觀工部政

河南汝寧府汝陽縣人

曾祖敬

祖興

父學 贈户部主事

母張氏 贈安人 繼母宋氏

兄遷 鉞 銘 舉 章

弟贇

娶盧氏 封安人

子壽祖 己卯舉人庚辰進士歷官四川布政 壽祿 孫得卯官生得已中書舍 孫垔昭

乙卯鄉試二名 授户部主事歷陞員外郎中 癸亥陞順德府知府 乙丑

會試三十七名 復除湖廣荊州府 戊辰陞本省參政仍管府事

廷試二甲二十七名

查志立

字　號

治詩經甲午年　月　日生

浙江杭州府海寧縣

觀政

廷試二甲十二名

包檉芳

字　號　治書經甲午年　月　日生

浙江嘉興府嘉興縣人　　觀政

廷試三甲四十四名

葉應春

字　號　治易經甲午年　月　日生

浙江紹興府會稽縣人　觀政

試之甲六十五名

楊錦

字尚絅號月川治易經甲午年四月十二日生

山東青州府益都縣人 觀政

曾祖同田 壽官

祖鳳 禮生

父芬

母張氏

乙卯鄉試二十二名

會試 名

廷試三甲十八名

兄欽

弟鐸 鉞 鏡

娶趙氏

子休

黃翰

字可憲號小川治易經乙未年二月一十日生

江西南昌府豐城縣人　相一大理寺政

曾祖順模　兄

祖綿 訓導贈大理寺左寺副　弟翀　翻 俱生員　翃　翅

父肱 生員封刑部主事加知府　娶陸氏 封安人加恭人

母鄧氏 封太安人加恭人　子

乙卯鄉試五十四名　授刑部主事歷陞員外郎中壬戌陞湖廣永州府知

會試一百九十名　府乙丑致仕

十六名

姚汝循

字叙卿號鳳麓治易經乙未年六月十五日生

南京錦衣衛籍浙江永康縣人　觀刑部政

曾祖進　兄

祖慶　弟

父鎬 封南京刑部郎中　娶王氏 封安人

母梁氏 贈安人 繼母朱氏 封太安人　子

乙卯鄉試五十九名　授河南杞縣知縣 己未 陞南京刑部主事歷陞

會試八十三名　郎中 癸亥 陞直隸大名府知府

廷試三甲六十四名

黃九成

曾祖桂 知縣
祖暘 縣丞
父藻 舉人 贈戶部郎中加僉事
母樊氏 贈安人加宜人
乙卯鄉試七名
會試一百四十名
殿試三甲二百二十八名

字子韶號少南治書經丙申年五月初十日生
陝西漢中府城固縣人　觀刑部政
兄九功 生員
弟
娶王氏 贈安人加宜人　繼娶　氏 封安人加宜人
子
授戶部主事 壬戌陞郎中 癸亥陞山東僉事 丁卯陞河南
參議改山西

齒錄有刻崇世誼也越數載必重刊紀實續聯契闊也丙辰迨己巳
十有四載錄猶仍故太史南明兄擬將重梓而日侍
講筵且纂裁史錄弗遑也道亨待罪西曹署中况多暇日命董其役
遂欣然承之據舊簡加訂一二其官階錫典藉銓卿太湖兄檢牘詳
考故得備註如右至於續胤命名均釁綦武則無從徧詢僅以所稔
者書之姑闕下方以俟補葺嗟乎一時遭際同為王臣而數年間乖
沉顯晦殊各天方或隱或仙衆差異狀追惟疇昔同登信非偶矣闕
此其忍以燕越相視不少槩諸胸臆耶帙成漫書用識歲月　昔
隆慶三年己巳二月望日華亭樅道亨書

江西鄉試錄序

嘉靖三十七年戊午為歲大
比廼巡按江西監察御史徐
紳先期以禮致元韶於全州
教諭徐惟輯於歙命主試事
至則教授王樹學正唐應鯨
教諭林繼習李日新胡乂心

夏宗龍左懋勳徐濬王世祥以次就列皆以專經得同試焉提調爲左布政使張元冲右參政陸穩監試爲按察使康朗僉事林一新內外僚工極其掄備御史徐紳寔監臨之於是蕭元韶輩進而言曰

我
國家當日中之治丕顯人文猗
歟盛哉惟揆諸質文相捄之
理則時之所尚宜莫如忠忠
者質之表而文之本也日以
選士勤諸執事而欲辯其言
以獻於

君以風世教可不務乎凡士有懷德行道藝而志不役於物者則其言行必出於一而可資以爲用使言性命而溺其實言學術而畔於心經世務而窒於用則雖辯而僞行將弗遠其末浸以流競如是而可

與事君也歟哉愼毋以辱主
司之明不敏旣與諸從事矢
効公勤以待成命矣時迺集
提學副使王宗沐所簡士四
千三百有奇入院三試之一
如故事而遠嫌防微益加密
焉且舉從其要而考成易費

從其廉而資用宏無有紛沓
匆遽以交於前而於事物微
無簡忽鑿鑿乎皆忠之敎也
元部於是有所取度以立辯
矣夫
聖祖法古創制獨取士之科易以
經義蓋經以載道義以立言

經明則言不背而行有倫於
古選舉之法異制同符故嘗
諭廷臣曰道之不明由教之不行
也夫五經載聖人之道者也辟
之菽粟布帛家不可無無菽粟
布帛則無以爲衣食無五經四
書則無由知道此蓋以經義取

士之至意也
列聖相承未有不崇是術以先天
下惟士之立言求其文文求
其勝勝之不已其不至於畔
經義而事詭隨者寡也方今
聖天子法
天致治

祇德篤恭崇
沕穆之風引
靈長之祚固已退虛鄙以懲其不
恪佐衡之臣又莫不先後承
德共答
國家敦本之意士之爭自濯礪
追龔樸茂以還淳雅者如大

軨之馬養安於服習其鳴鸞
清路自爾中節固非一時鞭
策所及也是故觀其文則皆
據經約理期於辭順其或商
確古今綜理事變者又皆裁
其會通歸於典禮入可以告
君上出可以經

邦家無負於靖獻之實斯蓋可
錄而傳矣矧豫章上國代有
名世茲所登用復扣其渾厚
沉毅之蘊有裨於惇裕宏遠
之治者彬彬如是豈不能遡
質文以歸於忠而紹至道於
休遠耶御史乃相與升爲之

歌鹿鳴之什以燕樂之將來
所以式昭德音以自成其信
者在諸子也是舉也巡撫江
西都御史何遷問俗崇儒丕
揚風教提督南贛軍務都御
史宋淳方被新
命嘉奬惟同監察御史林騰蛟夙

振風紀有裨士習其右參政袁龔裳左參議張煌凌雲翼右參議趙祖元副使方廉陳茂禮梁成朱應奎僉事李一瀚馮皐謨孫應鰲都指揮僉事趙文奎外襄盛典忠益咸懋其以入

賀行者若右叅政葛縉僉事尤烈

都指揮僉事段以鳳亦先與

祇事而戶部主事丁永成適

以使事至樂觀厥成於例得

竝書也

廣西桂林府全州儒學學正

鄭元韶謹序

嘉靖三十七年江西鄉試

監臨官

巡按江西監察御史徐　紳　思仁直隸建德縣人 辛丑進士

提調官

江西等處承宣布政使司左布政使張元冲　叔謙浙江山陰縣人 戊戌進士

江西等處承宣布政使司右參政陸　穩　汝成浙江歸安縣人 甲辰進士

監試官

江西等處提刑按察司按察使康　朗　用晦湖廣東安縣人 乙未進士

江西等處提刑按察司僉事林一新　震卿福建晉江縣人 丁未進士

考試官

廣西桂林府全州儒學學正鄭元韶 九成福建候官縣人 己酉貢士

直隸徽州府歙縣儒學教諭徐惟輯 汝洽浙江江山縣人 丙午貢士

同考試官

浙江杭州府儒學教授王　樹 端立廣東饒平縣人 辛卯貢士

廣東廉州府欽州儒學學正唐應鯨 子魚廣西柳州衛人 乙卯貢士

湖廣黃州府麻城縣儒學教諭林繼習 思傳廣東潮陽縣人 庚子貢士

廣東廣州府東莞縣儒學教諭李日新 宗銘福建莆田縣人 癸卯貢士

直隸應天府高淳縣儒學教諭胡又心 孟覺浙江仁和縣人 壬子貢士

山東濟南府淄川縣儒學教諭夏宗龍　廣西馬平縣人 乙卯貢士

浙江金華府永康縣儒學教諭左懋勳　元功 廣西臨桂縣人 乙卯貢士

湖廣武昌府崇陽縣儒學教諭徐　濬　哲甫 廣西柳州衛官籍 直隸合肥縣人乙卯貢士

福建漳州府詔安縣儒學教諭王世祥　邦瑞 廣西全州千戶所官籍 直隸常熟縣人乙卯貢士

印卷官

江西等處承宣布政使司經歷司都事陳鍾秀　毓賢 福建沙縣人 監生

江西等處提刑按察司經歷司經歷葉　寵　天錫 浙江慶元縣人 監生

收掌試卷官

瑞州府知府莊朝賓　子觀 福建惠安縣人 丁未進士

建昌府知府浦之浩 子化山東萊州衛籍直隸嘉定縣人辛丑進士

吉安府知府黃國卿 均任廣東揭陽縣人甲辰進士

南康府知府劉存德 志仁福建同安縣人戊戌進士

受卷官

南昌府知府陸九成 子韶浙江東陽縣人丁未進士

廣信府知府周倣 初卿四川成都縣人辛丑進士

臨江府知府張承叙 懷德直隸同安縣人甲辰進士

撫州府同知蔡元偉 伯暸福建晉江縣人辛卯貢士

吉安府推官劉志伊 可任浙江慈谿縣人丙辰進士

南康府推官吳國倫 明卿湖廣興國州人 庚戌進士

彌封官

吉安府推官郜大經 汝修直隷吳橋縣人 丙辰進士

南昌府南昌縣知縣劉應峯 少衡湖廣茶陵州人 丙辰進士

吉安府安福縣知縣童承契 士成湖廣沔陽州人 丙辰進士

瑞州府高安縣知縣林德 有本福建長樂縣人 丙辰進士

吉安府永新縣知縣馮符 信伯直隷長洲縣籍 吳縣人丙辰進士

撫州府臨川縣知縣林潤 若雨福建莆田縣人 丙辰進士

饒州府餘干縣知縣陸鳳儀 舜卿浙江蘭溪縣人 丙辰進士

謄錄官

贛州府推官繆中孚 信卿直隸常熟縣人乙酉貢士

南昌府豐城縣知縣曹大川 長融四川巴縣人丙辰進士

臨江府清江縣知縣黃城 如禮廣東曲江縣人庚午貢士

吉安府吉水縣知縣常三省 希曾直隸泗州人丙辰進士

建昌府新城縣知縣李伯生 子元四川巴縣人癸丑進士

饒州府鄱陽縣知縣沈桂 仲木直隸無為州籍浙江烏程縣人丙辰進士

饒州府浮梁縣知縣蕭奇勳 楚選福建莆田縣人癸丑進士

對讀官

建昌府同知徐伯楷
良夫福建浦城縣人
庚子貢士

南昌府寧州知州崔一濂
學周廣東南海縣人
辛丑進士

袁州府宜春縣知縣胡應嘉
初禮直隸沭陽縣人
丙辰進士

袁州府分宜縣知縣黃鷴
子薦直隸泰州人
丙辰進士

吉安府永豐縣知縣陳瓚
廷祼直隸常熟縣人
丙辰進士

廣信府鉛山縣知縣陳坦
存愼福建懷安縣人
丁酉貢士

贛州府興國縣知縣羅崇謙
汝益廣東番禺縣人
丙辰進士

巡綽官

南昌衛指揮同知楊彝
東泉直隸定遠縣人

南昌衛指揮僉事汪　材　大用直隸和州人

南昌衛前千户所副千户張　相　汝忠直隸蕭縣人

撫州守禦千户所副千户司　文　時附直隸上元縣人

搜檢官

南昌衛指揮同知陳學易　以時直隸合肥縣人

南昌衛指揮僉事曹　清　子纓直隸吳縣人

九江衛指揮僉事于孟陽　汝復河南西華縣人

南昌衛左千户所百户宋　男　義甫江西萍鄉縣人

供給官

江西等處承宣布政使司理問所副理問施宗明 子貞直隸青陽縣人 監生

江西等處提刑按察司照磨所照磨龔位 汝立浙江餘姚縣人 監生

九江府同知汪佐 汝賢直隸歙縣人 戊子貢士

瑞州府通判嚴修 汝采湖廣湘潭縣人 甲午貢士

臨江府新喻縣知縣唐九德 伯懋湖廣湘潭縣人 丙辰進士

廣信府貴溪縣知縣謝封 天錫直隸無為州人 丙辰進士

南昌府經歷司知事陳崟 汝成浙江餘姚縣人 知印

廣信府照磨所照磨魏大順 孝伯直隸崑山縣人 監生

南昌府武寧縣縣丞陸科 謀仲直隸武城縣人 監生

廣信府上饒縣縣丞章子經（明卿浙江蘭溪縣人 監生）

廣信府永豐縣主簿傅邦良（國賢浙江會稽縣人 吏員）

南昌府南昌縣典史何震（東伯廣東南海縣人 吏員）

南昌府新建縣典史晏爵（得恩湖廣巴陵縣人 吏員）

袁州府分宜縣典史周承源（景夫浙江秀水縣人 吏員）

臨江府新淦縣典史黃元誠（宜敬浙江鄞縣人 吏員）

吉安府萬安縣典史凌曙（德昇浙江諸暨縣人 吏員）

南昌府南昌縣市汊驛驛丞楊廷忠（儘臣雲南太和縣人 吏員）

南昌府新建縣樵舍驛驛丞余志遠（惟明福建閩縣人 吏員）

南昌府豐城縣劍江驛驛丞潘陵 元高 浙江上虞縣人 吏員

南昌府港口河泊所河泊江浙 大邦 浙江桐廬縣人 吏員

第壹場

四書

子曰有德者必有言有言者不必有德仁者必有勇勇者不必有仁

自誠明謂之性自明誠謂之教

爲人臣者懷仁義以事其君

易

時乘六龍以御天也雲行雨施天下平也

日月得天而能久照

夫易聖人所以崇德而廣業也

天地之大德曰生聖人之大寶曰位何以守位曰仁何以聚人曰財理財正辭禁民爲非曰義

書

帝曰咨四岳有能典朕三禮僉曰伯夷帝曰俞咨伯汝作秩宗夙夜惟寅直哉惟清伯拜稽首讓于夔龍帝曰俞往欽哉

厥貢惟金三品瑤琨篠簜齒革羽毛惟木

島夷卉服厥篚織貝厥包橘柚錫貢

曰天子作民父母以爲天下王

惟恭奉幣用供王能祈天永命

詩

我稼既同上入執宮功

我覲之子維其有章矣維其有章矣是以

有慶矣

受天之祜四方來賀於萬斯年不遐有佐

綏萬邦屢豐年

春秋
冬公會齊侯于防隱公九年
晉侯伐秦文公四年夏秦伐晉文公十年
遂伐楚次于陘　楚屈完來盟于師僖
公四年公會晉侯宋公衛侯曹伯齊世
子光莒子邾子滕子薛伯杞伯小邾子
伐鄭會于蕭魚襄公十有一年
夏公會齊侯于夾谷公至自夾谷　齊人
來歸鄆讙龜陰田俱定公十年

禮記

民咸安其居樂事勸功尊君親上

律小大之稱比終始之序以象事行

福者備也備者百順之名也無所不順者

之謂備言內盡於己而外順於道也

此衆人之所難而君子行之故謂之有行

有行之謂有義有義之謂勇敢故所貴

於勇敢者貴其能以立義也所貴於立

義者貴其有行也所貴於有行者貴其

行禮也故所貴於勇敢者貴其敢行禮
義也

第貳場

論

大哉堯之爲君

詔誥表內科一道

擬漢賜民年八十巳上者米肉酒九十巳
上者加帛絮詔文帝元年

擬唐賜裴度爵晉國公復入知政事誥元

和十二年

擬

進五經四書大全表永樂十三年

判語五條

官員赴任過限

起解金銀足色

致祭祀典神祇

懸帶關防牌面

軍民約會詞訟

第叁場

策五道

問書稱成周訓迪厥官惟前代時若蓋指
唐虞夏商之盛也然公孤六卿之職制
與百揆四岳州牧侯伯有所損益而所
以訓戒者視前代加悉焉其意亦相表
裏歟我
太祖高皇帝肇造區夏設官分職監于成周若
大誥三編申飭臣人周之訓迪無以踰此又嘗

上嘉軒轅顓頊之世作
萌賢篇下採列國作
啓忠篇
宏詞精義皆前聖所未言者可得而繹歟
皇上綏撫萬邦簡將左右
勅天交儆形諸
訓誥垂數百言百辟之綱條具在而所勸戒視
周官又詳其與
萌賢

啓忠亙相發舉夫
帝王之道先後同揆而
垂統
中興兢業加謹故翼異爲明聽必責於臣鄰每如
是也士懷忠質自獻者則何以哉
問學問之道見於六經其言宗旨詳矣而
仁之一字則自孔子指出以與學者爲
之質之六經其揆果一耶當是時門人
問仁者數孔子但教之用功而不言其

體豈難言耶抑引而不發耶說者有謂狀仁之體莫切於此者其信然乎否也宋儒程子頗論仁體而西銘一篇尤為程子所服然孔子罕言而二子言之何耶彼所為說豈亦將狀仁之體耶孟子曰仁人心也語益明而約矣不知其於罕言之旨所指大小何如也然以顏子之賢三月猶違餘諸子至以日月若游息然苟仁即人心方其違與未至也安

在其為心耶而學問之道於是可知矣夫學不知體猶無的而射也後世紛紛且置今欲不離本體為切實之學主靜者不至為空虛慎動者不至為襲取信其生之直而不至為師心將使六經之旨學者繇之可以致其道江西固學問區也二三子試以平日所得者為我言之

問國之大事在兵而兵之至重在將然以

儒為將尤所難者其取之之法安在論其氣局則射不穿札贏不及騎者竝建殊勳據其聲名則陳濤之衄壽陽之恥者皆負物望二者易知而不可憑則其藏胷中者又安辯也古今言用兵者皆云使貪使詐夫儒者談道讀書命之貪與詐是舍所學而從我也其誰肯居之不居即事不辦兵之技止於是耶抑別有在也古來儒將者幾何人其事成敗

何似方今倭虜未殄
朝廷責成儒臣諸生志在匡時其詳言以觀
預定之略
問周禮爲理財之書理其財之所出而已
而今之所謂理財則理其入也惟損下
益上有時而況於國有軍旅之事乎但
於謀慮取舍之間不使曠然而大失其
意者則聖人之所不廢也試舉漢唐宋
得失之故而擬議以成當世之務可乎

漢制有少府以供宮掖有大農以需軍
國元封經用雖廣而實未廢本始建昭
之君始以少府大農合而為一何以獨
得其美唐制有上供而不責其數有送
使留州而不盡其餘法似寬假而姑息
之舉遂有如當世所譏者至宋興襲其
三事以經財用何以獨免於弊乾德初
詔諸州金帛盡送闕下議者以為削外
藋以歸公上不三年而令其盡數繫省

議者復以爲未嘗虛外郡以實京師所
處何以兼得李憲陳亨伯經總制錢熙
河諸路賴以定難淳熙間葉適力排其
議以爲一舉而天下定所見何以不同
蘇軾論昭陵國計蘇轍敘元祐收支言
所當罷者各有四事而獨有所重者何
居孫大雅奏復漢朝上計之制李迨奏
言劉晏理財之裕言所當革者各有其
弊而所以革之者何居其尚盡言其意

以為理財者折衷云
間江西延袤千里古重地也我
國家耆定功烈東起信饒南暨章貢至今幾
二百年人庇綏靖何承平之久猶不免
於姦宄萌蘖勢固然耶曩者撫閩姚源
阻險不逞動兵勞餉數年而後定議制
置者始縣其地斯計之得也嗣是有議
縣橫峯縣鄔子者皆沮而不果何耶龍
南安遠之間新民攸穴深入阻險如高

砂諸堡寖有桶罔之漸今之議者欲抱
險而城之亦可以銷萌遏略而無後慮
否耶始
聖祖之略地江西也
諭常遇春數言如春生秋殺兼濟不偏寔定
爾功之本茲欲敷
聖祖之德意宣
皇上之威靈蚤夜以思而未得其猷也諸士生
於斯者慮之審矣幸詳陳之

中式舉人九十五名

第一名習孔教　吉安府學生　易

第二名張　位　南昌府學生　書

第三名傅明應　瑞州府學生　詩

第四名朱孟震　新淦縣學增廣生　春秋

第五名笪東光　德興縣學附學生　禮記

第六名伍　典　廬陵縣學生　詩

第七名魏天奎　南昌府學附學生　易

第八名曾同亨　吉水縣學增廣生　書

第九名袁貞吉　南昌縣學附學生　詩

第十名李　諭　南昌府學生　禮記

第十一名張　櫝　新城縣學附學生　易

第十二名穆　煒　南昌府學附學生　詩

第十三名劉學朱　吉安府學增廣生　易

第十四名謝　蘇　崇仁縣學生　書

第十五名鄧南金　奉新縣學增廣生　詩

第十六名李承緒　永新縣學增廣生　易

第十七名顏持全　安福縣學附學生　春秋

第十八名丁杰　豐城縣學附學生　易

第十九名葉罡　萬載縣學生　詩

第二十名周角　吉安府學附學生　書

第二十一名黃仁榮　南昌府學附學生　詩

第二十二名張應陞　浮梁縣學生　易

第二十三名范伋　高安縣學生　易

第二十四名王楨　南昌府學附學生　詩

第二十五名劉點　撫州府學增廣生　書

第二十六名陳一理　高安縣學附學生　詩
第二十七名曾如南　撫州府學生　易
第二十八名敖　鯤　臨江府學附學生　詩
第二十九名彭以聖　安福縣學附學生　春秋
第三十名吳廷光　南昌府學生　易
第三十一名章應南　南昌府學附學生　易
第三十二名周　曉　奉新縣學生　詩
第三十三名魏天成　南昌府學附學生　書
第三十四名朱世盛　九江府學生　詩

第三十五名易可久　袁州府學生　易

第三十六名李之燁　廬陵縣學附學生　易

第三十七名方一躍　新建縣學附學生　詩

第三十八名周　鰲　吉水縣學生　易

第三十九名曾守愚　泰和縣學生　詩

第四十名鄭　誨　饒州府學生　春秋

第四十一名詹夢龍　廣信府學附學生　書

第四十二名劉應期　萬安縣學附學生　易

第四十三名朱廷衮　進賢縣學生　詩

第四十四名鄧仁敎　吉安府學附學生　易
第四十五名姜　佑　南昌縣學附學生　詩
第四十六名羅曰臣　南昌縣學增廣生　易
第四十七名余　棠　南昌府學附學生　詩
第四十八名周　楷　南昌府學生　易
第四十九名萬　幾　南昌縣學附學生　詩
第五十名曾乾亨　吉水縣學附學生　書
第五十一名劉　魁　萬安縣學生　易
第五十二名王汝振　安福縣學生　禮記

第五十三名王良臣　德興縣學生　書
第五十四名高則巽　南昌縣學附學生　詩
第五十五名周懋德　南昌府學生　詩
第五十六名范惟恭　豐城縣學附學生　易
第五十七名傅元和　撫州府學生　易
第五十八名朱璉　新淦縣學生　詩
第五十九名劉鈍　吉安府學附學生　易
第六十名周良德　鉛山縣學增廣生　書
第六十一名徐佩　臨川縣學附學生　詩

第六十二名彭　愷　南昌縣學附學生　易
第六十三名萬　善　新建縣學增廣生　易
第六十四名方學孟　浮梁縣學學生　詩
第六十五名徐庭竹　廣信府學增廣生　書
第六十六名楊汝允　南昌府學學生　詩
第六十七名陳　輔　廣昌縣學附學生　書
第六十八名丁　材　豐城縣學附學生　易
第六十九名熊廷蘭　新昌縣學增廣生　易
第七十名章　泮　撫州府學附學生　詩

第七十一名趙　格　安福縣學附學生　春秋
第七十二名黃虞臣　豐城縣學生　詩
第七十三名戴文宗　金谿縣學附學生　書
第七十四名劉禹謨　廬陵縣學附學生　易
第七十五名汪　審　弋陽縣學附學生　書
第七十六名賀一桂　廬陵縣學附學生　易
第七十七名涂夢桂　南昌府學附學生　詩
第七十八名王堯臣　都昌縣學生　禮記
第七十九名梁　樞　宜春縣學生　詩

第八十名劉三錫　吉安府學生　易
第八十一名單文盛　撫州府學增廣生　書
第八十二名胡濟川　泰和縣學增廣生　易
第八十三名蔣　機　豐城縣學附學生　詩
第八十四名劉孔祥　吉安府學附學生　易
第八十五名羅　恢　上饒縣學生　書
第八十六名胡汝寧　南昌縣學生　詩
第八十七名劉廷訓　饒州府學生　易
第八十八名黃從我　臨江府學附學生　詩

第八十九名傅永嘉　進賢縣學增廣生　書

第九十名徐守倫　豐城縣學附學生　春秋

第九十一名王宗熹　泰和縣學附學生　書

第九十二名劉經緯　進賢縣學附學生　詩

第九十三名熊養銳　豐城縣學附學生　易

第九十四名鄒德涵　安福縣學附學生　春秋

第九十五名賴惟清　萬安縣學生　易

第壹場

四書

子曰有德者必有言有言者不必有德仁者必有勇勇者不必有仁

傅明應

同考試官教諭王　批

德仁言勇[illegible]多[illegible]

衡此作辭不費而理融如此非得於內者耶是可以式多士矣

同考試官教諭胡　批

得聖人重內之意

考試官教諭徐　批

沖雅中有[illegible]度

考試官學正鄭　批　渾厚典則

聖人言德與仁之必見乎外而無取於務外者焉夫德必有言仁必有勇此理之自然見乎外者彼徒務外者亦何足取哉夫子之意蓋曰天下徒知言與勇之尚而不知預養於吾心此知德者鮮而好仁者之未見也以我觀之人惟不有其德耳夫苟行道而實有得於其心則其出乎身而加乎民者是必有倫有物沛然順理而成章矣天下豈有躬行君子而文不猶人者乎

但人之有言者則便佞雖取於口給而實理多
至於虧違議論雖若可觀而踐履或有所不逮
蓋言之不必有德者多矣而謂其必由於德也
可耶人惟體仁之難耳夫苟渾然天理而無一
毫人欲之私則其發乎邇而見乎遠者是必至
大至剛浩然充塞而無間矣天下豈有仁以爲
已任而見義不爲者哉但人之有勇者則或感
激以申其志未必盡合於中正而不偏或奮發
以見其節未必悉配於道義而不過盡勇之不

必有仁者亦多矣而謂其必本於仁也可乎此
可見言以德爲本而徒言者適足以亂德勇以
仁爲本而徒勇者適足以害仁夫子之所以致
意者其在玆乎周末文勝士鮮務實蓋在聖門
賜也多言而中由也無所取裁夫子憂之矣惟
顏之不違亦足以發曾之自反養勇莫大焉所
謂德與仁者其庶幾哉

自誠明謂之性自明誠謂之教

習孔教

同考試官教諭左　批　本誠發性教體認[illegible]亦切照應乎明非卽性者不能道也宜錄以式

同考試官教諭夏　批　發明天人之道簡約而盡

同考試官學正唐　批　說理之文自是有見

考試官教諭徐　批　論性教有根據

考試官學正鄭　批　辭理精確

中庸發性教之義見天道人道之所以分也蓋
性乃天命之本然而教則所由以入於道者也
誠明明誠之別此聖賢之所以分歟子思子之

意蓋曰道本出於一原學不容於二致夫子論
誠以爲有天道人道之異者何哉蓋自聖人之
德言之渾然在中本無一毫私欲之雜粹然至
善初無一念邪妄之干是以清明在躬志氣如
神所謂大本達道者皆一以貫之而自然知之
無不明處之無不當矣此其自誠而明者不謂
之性而何蓋性者維天之命道之所從出也聖
人以至誠之德而天下之理無不兼總條貫以
通極於一心之中是天命之本然在我矣若思

勉未忘即於天命之本不相似也豈得謂之性
與天合也哉自賢人之學言之氣稟或拘而良
知必擴於所感之後物欲或蔽而天理必察於
發見之端是以擇之必精守之必固所謂存養
省察者皆推而致之夫然後存之爲實德措之
爲實用矣此其自明而誠者不謂之敎而何蓋
敎者聖脩之方道之所由入也賢者以思誠之
學使天下之理無不眞知實踐以要約於一性
之本是人道之當然在我矣若反身未誠即其

脩道之功尚未至也豈得謂之由教以入者哉是則性以誠立聖人之道達諸天教以明入賢人之學達諸聖道之大原一耳夫何二致之有抑至誠之聖不易言也若由教以入則學知利行以下皆能之此無他本體之明未嘗息耳子思發明誠之義因首示致曲之旨蓋欲人求其未嘗息者而常明常覺無少間斷則至誠無息於穆不已馴至之矣噫愚必明柔必強也百倍之功其必以聖人天道爲己任者乎

爲人臣者懷仁義以事其君

張 位

同考試官教諭李 批 孟子惓惓於仁義大要在正心是作根究精詳命辭宏大無非明此心爲臣弼之本因言考志也見必能懷此以効忠矣

同考試官教諭林 批 講仁義不落言詮至一結尤見格致盡

考試官教諭徐 批 忠藎之懷溢於言表

考試官學正鄭 批 辭嚴義正

人臣之事君惟其心之無所利焉而已夫仁義者天理之公也人臣懷之以事其君而豈復有

計利之心哉孟子之語宋牼曰仁義之說不明則功利之習不止其流至於窮人欲而失天理者不慎其所感者也蓋仁義者通於人心之固有而君臣者立乎天下之大分所以遏人欲而存天理者在明其道以道之耳夫苟能有以仁義之說道之吾見天理之良知本通於有位而効忠之至性必結於初心愛莫大於愛君根乎其心之仁而不可解也則凡所以匡弼左右之道皆發于仁之所當自盡而媚茲之誠固矣若

其事之利害容暇恤之邪敬莫先于敬君根乎其心之義而不可後也則凡所以寅亮翊戴之意皆本于義之所宜自致而匪懈之恭篤矣若其利之得失容肯計之邪是其道以聯上交之情而有懷皆天理之正苟非仁義之所當為則雖事求可功求成必非其心之所樂為也性以定天下之分而有事皆無我之公苟知仁義之所當為則雖不狥乎人不利于己亦其心之所不頹也夫仁義之說明而忠愛之風起矣王道

不易易哉七國之時功利之習日滋交征之防
不禁君之望其臣者必將有興利之策而臣之
所以干其君者悉其辯智無不預策於利與不
利之間以歆動乎其聽此儀衍之術所以縱横
於天下而宋牼之徒又從而助之其害烈矣孟
子拔本塞源一見於利國之對再詳於罷兵之
論皆自天理之良以發之循之則足以王失之
則不奪不饜何其深切而著明也哉善乎董仲
舒曰仁人者正其誼不謀其利明其道不計其

功眞可謂得孟子之旨矣

易

日月得天而能久照

習孔教

同考試官教諭左　批　得天久照作者難於精彩

獨出盛觀一隊亨膺朗可誦且精深宏闊非淺陋所能及

同考試官教諭夏　批　簡不晦而意盡

同考試官學正唐　批　發明精切而直截

考試官教諭徐　批　理明辭究

考試官學正鄭　批　清雅

彖傳舉造化之所以貞明者以見恒之道大也
夫天運於上而日月繫焉此所以貞明而不易
也恒久之道不於是益見其大乎彖傳極言恒
道如此蓋曰說天者固莫辯於易而觀易者尤
莫大乎天恒之爲道吾嘗仰觀于天而得諸日
月之所以爲明矣今夫日秉太陽之精而明於
晝者也今夫月秉太陰之精而明於夜者也雖
曰照臨下土而其象則懸於天太虛無物二曜

乘之以繼出矣雖曰容光必照而其體則麗於
天積氣上浮重明順之以左旋矣故天不變日
月之明亦不變其光被于四表而人皆見之者
蓋往來如斯而卒無停機焉天不息日月之精
亦不息其昭回于雲漢而人皆仰之者蓋盈虛
如彼而卒莫紀極焉萬物被其光輝而以煦以
育焉曾不知日月之有古今也則夫晝夜相推
與混闢相禪者同一悠久而已矣雖生明生魄
之不齊其候而繼照之理寧有窮乎萬民荷其

照臨而以作以息焉曾不知日月之有代謝也
則夫貞明不眩與貞觀不遷者同一運行而已
矣雖有昃有食之或失其度而代明之體寧有
易乎吁懸象著明莫大乎日月也而恒久之理
日月且不能外焉況於人乎故君子觀象於天
得君道焉而日月者天之所運而照臨萬國者
也故曰君致尊而制命則日月貞明又曰日月
大光天下和平此聖人所以久道成化而與天
爲一也雖然有本焉詩曰日就月將學有緝熙

于光明是已故王道成於恒而其本則在乎敬
夫易聖人所以崇德而廣業也

魏天奎

同考試官教諭左　批　聖人用易非真二以模倣之得其理耳是作詞意渾融不著痕迹亦潛心於易學者

同考試官教諭夏　批　德業本就性上說有原委

同考試官學正唐　批　講所以崇廣處精切

考試官教諭徐　批　發明聖學不費力

考試官學正鄭　批　說理明盡

大傳指易爲聖學之資所以見其理之至也蓋
德崇業廣聖學之所以爲大也然皆有資於易
焉是不可以觀易理之至也哉夫子之意以爲
易本作於聖人而其用亦莫妙於聖人吾謂易
之至也固自聖人之用易得之耳今夫易何以
爲至也蓋以其冒天下之道而不囿於意言象
數之微洩聖人之精而貫徹乎身心性情之大
是故聖人用之而德業備焉聖人之德藴諸心
而高不可踰夫固若是其崇矣然所以崇之者

易也蓋本其潔淨精微之奧以爲涵養本源之資故以此說心研慮而道通極於性焉以此窮神知化而性通極於命焉神而明之默而成之蓋有易無窮而聖人之德亦無窮者矣是聖人固未嘗一一擬諸易以求崇然易之所具莫非德也聖人心涵乎易雖謂用易以崇之可也易非聖人之所以崇德者乎聖人之業見諸事而博不可禦夫固若是其廣矣然所以廣之者易也蓋本其廣大悉備之蘊以彰利用出入之神

故率履不越其典常而天下之動一焉擬議以成其變化而天下之業定焉推而行之舉而措之葢有易無外而聖人之業亦無外者矣是聖人固未甞一一藉諸易以求廣然易之所載莫非業也聖人身有夫易雖謂用易以廣之可也易非聖人之所以廣業者乎夫以聖人之盛德大業而皆不外乎易如此則信乎易爲性命之書而其理爲獨至也歟且易有功於聖人固矣然易本乎天地聖人作易以成天地之能是又

有功於易與天地也迺天地聖人之精則易具焉未可以易窺者故必進德修業而後可以求端於易與天地相似而不違噫亦難矣不然孔子大聖人也何以必假我數年而後學易哉

書

帝曰咨四岳有能典朕三禮僉曰伯夷帝曰俞咨伯汝作秩宗夙夜惟寅直哉惟清伯拜稽首讓于夔龍帝曰俞往欽哉

張　位

同考試官教諭李　批

體裁端重辭旨舂融大庭命官典禮之盛宛然其在目矣

同考試官教諭林　批

敬以成禮此作發明殆盡

考試官教諭徐　批

溫潤中行渾厚之氣象

考試官學正鄭　批

純正典雅

觀聖人之勅禮官始終不越乎敬焉蓋禮者敬而已矣聖世之所以勅禮官者以此其知要哉今夫天子者百神之主而天神也地祇也人鬼也尤神之大者也事之可無禮乎然非其人不

足以典是三禮也故帝咨四岳以求之僉曰伯夷則所舉者公矣其人誠有當乎帝心也故始而俞之繼則咨夷而勅之曰汝作秩宗無他道焉誠以禮非自外來也由心生者也鬼神之所以難格者心蔽於物而無以感通之也爾能敬以直內使此心之翼翼者常若對越之時而無間於夙夜焉則清明在躬志氣如神而仰無怍於神明矣其致祭有不昭受者乎乃伯夷承此命也恐己之不勝也則拜稽首讓于夔龍焉其

所讓者誠賢矣而帝則以成命之不可易也故
始則俞之而復專勑之曰汝作秩宗無多讓也
明揚之典已出於在廷之公而簡在之命又本
於朕心之允蓋不可以他及矣爾惟敬乃攸司
凡典禮之所關者求諸本源之地而罔敢怠忽
焉必其幽明合德上下交通而後不病於曠官
矣奚必讓人以爲賢乎是則始命之以寅直終
命之以往欽皆敬也敬也者誠典禮者之所以
成始成終者歟雖然典禮雖在秩宗而假神之

本又在君心溫恭允塞帝舜禋祀之本已豫矣
而類上帝焉禋六宗焉祀山川羣神焉何莫非
禮何莫非敬此所以神人格上下和而致篤恭
之治也又況伯夷極天下之選者乎故曰大人
舉禮樂則天地將爲昭焉

曰天子作民父母以爲天下王

曾同亨

天子以父母天下者爲天下道

同考試官教諭李　批

宜其民之有足稱也讀此作可以想上下同情之盛矣

同考試官教諭林　批　語有典裁尤不徒以口為頌者

考試官教諭徐　批　深得庶民頌君之意

考試官學正鄭　批　雅飭可誦

君子述民頌君之詞而極尊親之至焉蓋父母親之至也天下王尊之至也非敷言之感何以得此於民哉箕子衍皇極之疇以告武王至此若曰皇極之理庶民具之而不能自歸之也所以使之歸者其天子乎庶民是訓是行以近天子之光則既歸矣歸之則必感焉感之則必頌

焉莫不曰天子其作民父母乎蓋父母於子以
恩育爲事者也今天子以極之理而著爲教焉
其反覆開導之意惟恐一人不若於訓而失其
所以覆育之道故誘之掖之必使其會歸於皇
極之中而後已其何異於生我育我之恩昊天
罔極者哉匪父何怙匪母何恃藹然一本之親
而勢分非所言矣又莫不曰天子其爲天下王
乎蓋王者於民以君長爲務者也今天子以極
之理而著爲教焉其代天出治之意惟恐一人

不若其性而失其所以綏猷之道故鼓之舞之必使其會歸於皇極之中而後已其何忝於作君作師之責寵綏四方者哉中天下而立定四海之民巍然萬夫之望而能事至此畢矣夫舉天下而親之可以見王者一體之愛焉舉天下而尊之可以見王者一統之治焉敷言感人之妙如此吾王能以是而治天下彝倫其有不敘乎哉雖然敷言之教言也言何能感人也以言感人末矣惡得為王者之治曰有建極以先之

也有建極以先之將不言而化不令而行而況
兼之言乎況所謂言者不過輔之翼之使自得
之而未嘗強焉然則民惡得不感又烏得不頌

詩

我覯之子維其有章矣維其有章矣是以
有慶矣

東貞吉

同考試官教諭王　批　章度二字於律遂徵今人
有宗總致論之意真可以興矣

同考試官教諭胡　批　說致福淸婉有味結更佳

考試官教諭徐　批　清切明暢亦文之有章者

考試官學正鄭　批　深得美諸侯之旨

周王於諸侯美其文之著而因以獲福也蓋有君子之實者斯有君子之文也諸侯以之其獲福也宜矣天子因諸侯洛矣之頌而歌此以答之也意曰會同一舉而羣后肆朝夫固慶一時之盛矣然微得人以爲之重焉亦何以成其盛乎今我所覯之子恪恭之節其所蓄着素矣而

形於晉接者蔚乎耆至德之光忠愛之誠其所
蘊者深矣而顯於交際者炳乎著文明之象等
威有辨而率履不越侯度其克謹也表儀以樹
而周旋可觀人文其畢萃也何如其有章矣乎
夫維其有章也則龍光之美足以增邦家之重
而眷遇因以日隆德輝之動足以協上下之交
而福履爲之益固車服之庸所以明其賢也予
其承之而錫予之駢蕃莫非休光之衣被矣爵
賞之勸所以崇有德也予其享之而寵命之申

錫莫非福澤之攸同矣不宜其有慶也哉是則
文章之著非致飾於外也篤實之徵焉耳福慶
之集非有徼於上也盛德之孚焉耳王者以是
而美諸侯寓意不亦深乎抑洛水之會爲講武
設也而此又以文章言之蓋君乾象也武備飭
得剛健之道焉臣坤象也文德修得順承之義
焉況文武兹用長久之術此周之君臣所以賡
之以爲勸也有天下者可以深長思矣
受天之祜四方來賀於萬斯年不遐有佐

伍典

同考試官教諭王　批　武王純孝之心可法可傳子能作其亦仰思之而有得者耶錄之以式

同考試官教諭胡　批　得天眷人心之意體會真切

考試官教諭徐　批　婉轉俊逸善說詩者

考試官學正鄭　批　有忠愛之思

王者得天眷而人心恒歸之皆法祖之所致也蓋天眷有德則人心之歸有不能外焉者矣此武王之孝所以爲可法歟下武之詩美武王而

作也至此謂夫孝也者光於四海而通於萬世者也後人能求祖武而繩之吾固必其受天之祜矣夫天心之予奪雖不可知而徵之者人也惟天祿之永綏則大順所敷有以爲君臨之本四方之從違雖不可必而主之者天也惟周祜之既篤則一德所感有以寓聯屬之機列爵雖異也而尊王之願有同心焉仰世德之重光皆趨附之恐後矣分土雖廣也而宗周之志無異趨焉覩元良之繼體皆臣服之不違矣將見國

祚之靈長歷萬年而無疆也而大小相維共竭其股肱之力卜年之有永罔不再傳而遂已也而休戚攸繫不替其篤棐之忱文昭武穆之親以夾輔乎王室也而根本固矣虞夏商之胄以作賓於王家也而藩屏降矣其所以佐我者不亦至耶是則天命人心皆由繩武而得之然則武王之孝信乎其爲達孝也雖然武王之孝夫豈有他道哉亦曰永配命而已耳是知法祖者不外乎敬天而敬天乃所以法祖也故周公

桓成王惓惓欲其念爾祖而反覆箴規必以敬
之說終焉蓋示以繩武之心法也合而觀之不
惟可以知武王之孝又可以知周公之孝矣

春秋

遂伐楚次于陘　楚屈完來盟于師俱僖

公四年公會晉侯宋公衛侯曹伯齊世
子光莒子邾子滕子薛伯杞伯小邾子
伐鄭會于蕭魚襄公十有一年

朱孟震

同考試官教授王　批　約束傳音旨眞見一稍[illegible]之師近於王是可為尚武功者之法戒矣

考試官教諭徐　批　得春秋重民命意

考試官學正鄭　批　思文而辭整

春秋於二伯之帖外服內也而皆予其不戰之功焉夫不戰而屈人兵之善道也齊桓晉悼以之其見予於春秋也宜哉且自舞干苗格之風遠而天下之好戰者多矣因壘崇降之義微而百姓之苦戰也久矣吾何幸於桓之攘楚悼之

討鄭均有得於此乎是故當我僖之時馮其強力讎諸夏而煽之禍者楚也桓公常合八國以伐之然二廣長技攻不足而守有餘使必以戰焉卽勝楚而齊亦疲矣且齊自管仲當國以來內政軍令彼亦欲蓄其民以令於天下也豈其輕用於楚耶故八國師聯以張蛋壘之威也而先聲則銳陘亭再次以遣文告之使也而後責則柔卒之屈完抱不貢之罪以質於盟齊人脩不服之詞以綏其闕一矢不費而方城漢水之

椎戰焉而不敢肆者惟其不試之之鋒有以懾之
非桓之功而誰功也哉故春秋於伐楚次陘之
下而書屈完來盟于師者正以嘉其績也至若鄭
當我襄之時叛服靡常附蠻荊而助之虐者鄭
也悼公常勤三駕以臨之然依違反覆舉之易
而服之難使必以戰焉即舉鄭而晉亦勞矣且
晉自悼公即位以來捐施舍責彼亦將鳩其民
以繩先人之業也豈其輕試於鄭耶故兵臨而
斥堠不設焉問小國之不共而非以為逞也衆

四一

合而侵掠有禁焉恃大國之安靖而非以爲殘
也卒之子展出會而不忍叛成言一結而不復
攜一鏃不煩而犧牲玉帛之供專嚮而不復南
者惟其義動之衆有以孚之非悼之功而誰功
也哉故春秋於伐鄭之下而書會于蕭魚者正
以美其事也由是而觀桓之詘楚禮也而詘以
不戰則仁行於禮之中而諸夏其可安矣悼之
得鄭誠也而得以不戰是仁溢於誠之外而荆
楚不足患矣若彼欒書救鄭而不遷戮也殆聞

桓之風而啓悼之烈者歟安得不見善於春秋
雖然亦有所由致也管仲用荀魏謀此其致然
歟嗚呼用人則昌不用人而自用則替豈特伯
諸侯者爲然哉

夏公會齊侯于夾谷公至自夾谷　齊人
來歸鄆讙龜陰田　俱定公十年

顏持全

同考試官教授王　批　學過化存神之妙本此
理之[illegible]條[illegible]谷其[illegible]也是作獨得此源[illegible]亦能[illegible]

考試官教諭徐 批 敷揚聖化究然

考試官學正鄭 批 辭旨謹嚴

觀聖化之所以行乎强者一理之感而已夫理者聖人感人心之本也夾谷會而齊人歸其所侵田非理而何以致之哉夾谷曷為而會也魯平齊也犂彌設間而萊兵入魯亦可危也已迺定以會至景以田歸而說者謂聖人順理之化何居蓋齊魯之不敵天下之所知也而況其挾爽鳩以求逞焉公之至與否未可知也三田之

入齊非朝夕之故也而況其辟夷兵以要盟焉田之歸與否未可必也聖人則以兩相尚以力者力盡則必詘兩相爭以勢者勢反則必危君子理以持身以衛國而可無以行之者哉故守秉禮之舊不沮於強弱之力用自反之縮不計其衆寡之形歷階而上曰不干盟曰不偏好執夷夏之森然者而正之自惕於衷而悔過之不遑順理而言曰爲愆義曰爲失禮取齊侯之同然者而啓之自動其恥而效順之恐後抱簡以謝

過齊人方駭其不得逞也而且以久侵之地歸之魯焉則一言有以畏敵人之心志而其威重於三軍反爵策勳魯人方幸其不阽危也而況以久失之田得之齊焉則一會有以復先人之舊封而其化得於俄頃非聖人而能若是乎經故於夾谷之會直書于策而三田之歸繼繫於後使知理之達於天下也齊强於魯以理之逆而服齊無所用其强魯弱於齊以理之順而重魯無所歉於弱天下莫大於理而强衆不與焉

此非其明徵也耶觀於此者可以見順理之化可以見聖化之神矣夫子嘗有言曰齊一變至於魯魯一變至於道夾谷之會魯以孔子相齊以晏嬰相其變之機乎惜也一荒於內嬖一制於强臣而使聖賢之道小試而不大行豈三國之俗終不可變歟抑用之者之尚有所沮也君子觀夾谷之會知齊魯之所以强觀成之圍陽生之入又知齊魯之所以弱合而言之爾用人者可以鑒矣

禮記

民咸安其居樂事勸功尊君親上

笪東光

同考試官教諭徐　批　興義生於安居安居生於制産三復此篇知王道之可成也錄之以式不獨取其文爲貴矣

考試官教諭徐　批　先王成民之本發得精微

考試官學正鄭　批　有和平氣象

惟民居之既寧則皆興于義矣蓋義者民之恒心也然必興於安居之後焉則所以制民之産

豈容已乎且聖王之居民也經土以晝井度地以授民疆理而規爲之者法至備矣民之居之也何如哉土無遺利斯人無遺力其聯之而爲比也皆適衆寡之宜田有定制斯居有定廛其宜之而爲散也各隨分合之便民用紓于食之節而俯仰之間非所累焉由是則安養之休胥於此矣民務裕于事之時而守望之際非所憂焉由是則樂利之澤胥於此矣而民焉有不安其居者乎吾知其感貽安之自者莫不動易使

之心凡職之所當供於上者將不愛其力焉事
於方與相與樂之功於幾就相與勸之經始之
恐後兢勸以忘勞固熙熙乎率作之相從而輯
寧之象益著矣聖王雖不盡民之力也而爲之
自下者其誰禦之幸居處之宜者莫不與媚兹
之念凡道之所當盡於下者將不愛其情焉知
爲吾君相與尊之知爲吾上相與親之欽崇以
爲念孔邇以爲懷固肫肫乎愛戴之交孚而太
和之風可卽矣聖人雖不盡民之情也而致之

自民者又奚過之夫民安其居則易於爲善有如此乘其機而興學焉先王之成民也有道哉抑大舜咨衆先之十二牧箕子演疇皇極錫民願後於八政焉豈以禮樂工虞不重於食哉惟時之職而訓行敷言視養民之政將輕耶蓋人君以父母天下爲王道故養道備然後民生安民生安然後治理與孔孟之論所以急於富庶先於恒產也噫王道固貴大備而先後之序此亦可見矣

福者備也備者百順之名也無所不順者之謂備言內盡於已而外順於道也

李　諭

同考試官教諭徐　批　發明受福之義清切簡當

辭采煥然一結尤得要領非苟作者

考試官教諭徐　批　講福備中雅有味

考試官學正鄭　批　充裕而有文

記者舉福之為義而推明之見賢者之由受也夫不備不足以言福也唯賢者而無不備焉則

其福也謂非所自致乎祭統之意者曰祭之爲道固在於殷薦之誠尤必有素乎之本賢者未祭之先必受其福也而豈世之所謂福者哉人于其神既之休孰不以爲此可語福矣而不知此特答諸利成者然也而賢者之福惟有在于備焉人于其具物之時孰不以爲此可語備矣而不知此特先乎疏節者然也而賢者之備惟有在于順焉蓋由百順而後有備之名由無所不順而後爲備之道福之爲義悶可見矣夫仰

順以語備卽備以語福而君子之所受者果何
言乎葢求之於百順者其事若爲至繁而要之
於一理者其本實爲至約內不盡於巳則順之
本不立外不順於道則順之用不行必也求諸
其內焉致精誠於素履之孚而洗心退藏足以
立有主之虛又且本義之制以有爲而散于事
物者從乎道而不失盡乎巳焉昭明德於涵養
之豫而齋戒宥密足以極無欲之靜又且緣物
之動以作則而著于經曲者適其中而不乖是

則一理流通內外交暢此之謂有天下之大順
此之謂極天下之大備而其福也者固非世之
所謂福矣信乎盡祭之義必賢者然後能之哉
蓋嘗論之交神之道惟在於心心也者享神之
本也故本原澄澈全體不息則內省不疚清明
在躬且將與之合德可與酬酢可與佑神仁人
孝子之能享帝享親有得於是耳孔子曰祭則
受福噫非天下之至聖其孰能與於此

第貳場

論

大哉堯之爲君

習孔教

同考試官教諭左　批　場中論多馳騁浮泛此作說堯允大處闡發有法末乃歸本一心其意自見宜錄以式

同考試官教諭夏　批　發明大意精切

同考試官學正唐　批　理致程度俱到

考試官教諭徐　批　發明堯一天之大行旨

考試官學正鄭　批　有綱凡

道之盛者不可得而名也則亦不可得而贊也
其聖人以立萬世之極乎凡物有迹則可名可
名則其分有所不足而不可以言大不大不足
以立極於天下甚矣大之難也故惟天爲能當
之惟堯爲能則之天之道堯之德其不可得而
名一也則亦何以言爲哉夫子之意以謂堯之
德不可名而吾苟不表而贊之以示君道之極
是使堯之爲君獨擅其盛於上古而其所以爲
大之道猶有所未傳故以天贊之曰大哉堯之

爲君使天下萬世知君道莫盛於堯欲盡君道者皆以堯爲準焉爾蓋嘗論之道之至大者莫如天地天地不可得而贊也夫子之繫易也則嘗贊之矣然於乾曰大哉乾元又曰大哉乾乎於坤則曰至哉坤元不以地之至而竝乎天之大也其旨微矣其所敘古作者則自伏羲神農黃帝堯舜皆昭述其通變不倦神化宜民之政與其垂裳之治以爲取諸乾坤焉然但言法之而已未有以天贊之者至其敘書則斷自堯典

三皇以上皆略而不論舜禹以下雖嘗論贊如舜曰君哉禹曰無間文曰至德武曰盡美皆未有以大稱者以大贊堯者尊堯而並之於天也雖以君哉之舜猶不得並禹而下又可知矣然攷諸史傳之所紀述當時之所謳詠不曰不識不知則曰帝力何有當世不能稱其功後世不能述其德初非有絕德殊行以示異於天下而駭人之聽聞者大哉之贊與羣聖異則何也蓋道之盛也天下不可得而名也極之所在帝堯

不可得而隱也極也者帝堯所以繼天而立以示天下法後世者也昔聖人以文明之卦歸之於離以爲嚮明而治者則焉而堯之興實應元會中天之運離午文明之始蓋天之所啓將畀之斯道以開萬世文明之治者也是以精一執中之傳既獨得諸天矣而又得舜禹諸聖以任衆職自今觀之欽明文思允恭克讓光四表而格上下是峻德之明也睦族而平章萬邦協和黎民於變時雍是存神之化也欽天而授時洛

岳而命官釐百工而熙庶績以至明刑敷教封山濬川是皆敬天治民地平天成萬世永賴之政也此其大而為君者可見已故再傳而舜禹又傳而湯武其間歷數之相承道統之相禪忠質文之異尚禮樂政教沿革損益之殊宜雖時有升降治有隆替而道必由之何者而有出於堯道之大之外者哉是故先乎此者洪荒未備神化宜民之道非堯無以會其成後乎此者文明日闢典章制作之盛非堯無以開其始三皇

得之故其墳可以置而不論後聖得之故其道得以至今長存蓋亘天地古今一人而已大哉之歎夫子蓋亦志切乎大道之公而化覽乎皇王之原得其所謂至盛至盛眞足以立萬世君道之極者以爲莫堯過也是以不能自已而喟然致歎於斯焉爾易曰物大然後可觀故受之以觀然則物之大者固羣情之所觀慕而嚮往者也夫天之大也物皆仰之矣則堯之大非天下萬世之爲君者所當視以爲準是則而是傚

者哉故曰堯道之盛也夫子之賛堯也以立萬世之極也厥後孟子敘道統之傳自孔子推而上之至於堯而止以爲蓋得統於天者羣聖相承則皆見知而聞知焉耳即此觀之大之說益可識矣雖然邵子曰天地不以大爲自得故能成其大也堯之道大矣然何嘗自有其大哉中之執兢兢焉追其終也猶以命舜此大之所自生而極之所由以立也中之道無他心焉而已精則察乎此心之幾而不雜也一則守乎本心

之正而不離也此堯之得統於天以全其中而成其大也興後之爲君者而能執吾心之中則堯之大在我矣此又夫子贊堯以示極之意也

表

擬

進五經四書大全表永樂十三年

張位

同考試官教諭李　批

讀此作仰見我

成祖文皇帝纂道統之大成且鋪張有法可以爲式

考試官教諭徐　批　包括經傳雅飭而有文佳者也

考試官學正鄭　批　典則

永樂十三年九月十五日翰林院學士兼
左春坊大學士臣胡廣等伏蒙
欽命編緝五經四書大全若干卷進
呈者伏以
景運天開丕顯右文之治
聖功日就式弘典學之謨編摩總百代之微言
述作備

一朝之大訓肆菁華之釆掇耿雲漢以昭回恭
獻
明廷仰勤
睿覽臣廣等誠惶誠恐稽首頓首竊惟天道至
教圖書呈龍馬之祥聖人代興制作洩乾
坤之秘本陰陽於法象六位時成敘政事
於典謨一中允執三代禪而禮樂明備咸
稱文質之宜二南化而里巷歌謠亦叶詩
章之韻當是時也何其盛歟自周道之既

微肆孔聖之有作義存筆削志在春秋蓋
經始成於獲麟而時適當夫歎鳳泗洙共
派親承一貫之微鄒魯同風載闡七篇之
旨祖孫濟美授受皆眞絜矩而天下以平
脩道而化育可賛自時厥後遂失其傳異
執分馳因烈焚於秦熖殊途競出又牽合
於漢疏爰及唐宗徒崇靡習何如宋室聯
出眞儒訓詁雖有專門著述或多異說遺
書散見窮鄉莫覩其全舊籍旁搜衆義未

歸於一必
聖人在
天子之位迺
昌期會道統之傳玆蓋伏遇
皇帝陛下
德合三皇
功高五帝
天人協應法湯武之順時
曆數在躬昭舜禹之嗣服闋

堯封於九有奠
周鼎於萬年沙漠風清塵斷玉關之境烽煙日
淨款輪銅柱之邦誕成
一統之休何異衆星之拱時當偃武首尚修文
蓋雖
能自得師尤欲取人爲善謂孔孟以前之道
如江河之在地無日不行而程朱以下之
言即川流之匯海雖微必納爰開史局博
選儒臣

石室兼收賭簡篇之充棟
金函並發綴典籍以盈箱摘句尋章分門別
類凡關係於五經者搜羅不廢能羽翼乎
四書者讎校亦多取百氏之言分摽傳後
集羣工之見折衷大成竊魯史一字之蘿
袪易學九師之弊將欲因文見道奚辭沿
子泝經豈期衡石之程遂獲表章之績詞
華雖富義理賴以相資卷帙雖繁綱目秩
然不紊謹完繕寫循次函封恭進

彤庭承

一人之

寵命暨

頒宸字啓四海以同風將使斵輪忘言自陋齊

桓之讀豈徒息馬論道漫誇漢祖之英臣

賡等學本致身心無他技幸際

玉堂之邃得窺

金匱之藏信若蓍龜敬如俎豆覩河洛之盛

思切朝宗登泰山之高志勤仰止擇善固

守敢云天下中庸誠意修身奚取漢家仁
義徒切循牆之懼難鳴擊壤之謠伏願
學以盡心知性爲功
政以祈
天永命爲至惜寸陰於
內殿先事詩書廣兼聽於
合宮不遺葑菲
篤恭以迓大化位
天地而成能

制禮以開太平
垂衣裳而致治臣廣等無任瞻
天仰
聖激切屏營之至謹以所緝五經四書大全若
干卷隨表奉
進以
聞
第叁場
策五道

第一問

笪東光

同考試官教諭徐　批　甚揄揚我

聖祖及我

皇上彝訓相承之盛且篇末言臣道詳悉尤見忠悃

考試官教諭徐　批　讀此作人臣可以自淑矣

考試官學正鄭　批　忠實可錄

對人君之訓迪其臣物天之敬也人臣之義急於君承天之順也唯敬也故思深獻

遠而所以爲訓者無不詳唯順也故同德
一心而所以爲義者無不盡訓之詳則令
而不違矣義之盡則共而不貳矣此所以
致忠賢之盛成上下之交治化之隆與天
悠久也知此則我
太祖高皇帝及我
皇上之所以昭訓臣人而期忠賢之助者與古
帝王其揆一矣愚生竊有志於忠賢而未
逮也請因明問而敬陳之嘗觀唐虞夏商

之治稽古建官其任之也若股肱耳目之
相為體若舟楫霖雨麴糵鹽梅之相為用
其儆之也若巧言令色孔壬之足畏若逸
樂風愆之足戒勑天之命惟時惟幾兢兢
業業有不敢一日忘慮者周官曰若昔大
猷制治于未亂保邦于未危正謂此也是
以祗德夙夜惟前代時若訓迪厥官立師
傅保以為公孤六卿分職各率其屬以倡
九牧阜成兆民是故燮理寅亮所以格天

也愼令惟行以公滅私所以懷民也學古入官典常作師所以立教也崇志惟勤惟克果斷所以居業也恭儉毋僞所以養德也居寵思危所以允終也推賢讓能以和庶官所以廣益也夫天道之陰陽人情之好惡功業之見乎遠德行之出乎身時之所乘幾之所以不可窮也謹於其幾而豫之順於其時而濟之治乎其未亂保乎其未危成周勅天之心與唐虞夏商寔相表

裏是以其臣竭忠懋賢祗命篤辟以式克
至于休亦無愧於浚明亮采者也洪惟
太祖高皇帝華元受
命建官立極陳常時夏監于成周乃
謂學者操心持節必格於神人之道略不究
衷所以臨事之際私勝公微以致愆深罪重
爰本時事作爲
大誥其條目七十有四而
示之三嗚呼至矣又嘗

御製萌賢上下二篇及啓忠一篇以示臣人
萌賢上篇首言軒轅之臣臧行致恭以明元首
良股肱爲務而所論辯公私之意溢數百
言下篇首言顓頊之臣不才者去之才能
者留之而所論於公私之際知所先後不
敢以欺自昧此萌賢之大略也
啓忠之篇言公孫傑之謀不敢以蔽大夫之過
而明乎輔佐之義故其智忠非衛間之所
可及此啓忠之大旨也愚嘗繹而思之人

臣而懷其私則逸欲怠忽之所自出其事
違於修身慎行而其患及於國家人臣而
蔽其過則誣罔比淫之所由漸其志悖乎
匡捄而其流後乎君親故周官之戒凡百
餘言而滅私毋僞乃尤爲要
大誥七十四條之旨其要亦不越乎二者之端
非
勑天之心洞見幾微周悉時變何以與此肆我
皇上敬一宥密紹

祖格
天簡廸在位同心同德和之極矣嘗因星象之
異
省躬
諭戒垂百餘言首謂應天以實不以虛文勿
循往例以塞一時又謂司黜陟者無評品之
眞職邦計者無計理之策典三禮者忽夙夜
惟寅之敬居邦政者罔安内攘外之思秋卿
昧欽恤之訓冬官失節省之宜任兵戎者或

武帝之未精列諫諍者或論劾之適已六卿
百辟綱條咸具然其所以戒者則曰縱利
趨慾忘親背君所以勸者則曰惟職是勤
惟學是蹈惟義是從惟正是守以究厥實
以圖永靖使政教修明休祥畢應將在於
是是與
聖祖萌賢啓忠意實相發而所謂惟義惟正則
又周官之所未及言者仰惟
皇上中興之聖

勑天承
帝恩艱圖大與
聖祖創業同勤故其
精思神明出入造化進退古今
命戒之詞諄切懇至凡承聽者宜精白靖獻以
弘賛
大猷而竭忠懋賢之臣猶寡於世者則順承天
之義不明心之難同德之難一也莊周曰
臣之於君無適而非義也無所逃於天地

之間信斯言也是君臣之義若有所强而然殊不知臣之於君如子之於親皆天所命而無所解於心人臣而知所以爲心則知君之所以爲心知君之所以爲心則知天之所以爲心夫然後交相儆戒皆心之誠然而非有所强勉苟合乎其間是以變理寅亮者協恭和衷而欽乎夙夜倡牧阜民者亮采惠疇而謹於幾康業成於果斷而不墮於疑謀德修於恭儉而不喪於驕

修居寵思危而不入於畏推賢讓能而不害於和故心無不同忠之所以爲盛也德無不一賢之所以爲至也以順

帝訓以答

天命治隆化成風淳俗美與天地同久而無敵也曾子曰國以義爲利此之謂也嗚呼唐虞告戒反復丁寧成周訓迪明備切至至

於

今日

聖祖
皇上後先相發昭乎
天命之原悉於人心之隱無餘藴矣凡爲臣者
惟明乎
聖訓之所謂義而歸之正則可以得乎其心而
一念之私一息之僞凜乎不可以自容使
身修思永謨明弼諧如是以稱於忠賢顧
不美哉其猶有徇于私僞者是自棄於
聖人之訓而非愚之敢安也書曰皇極之敷言

是彝是訓于帝其訓凡厥庶民極之敷言是訓是行以近天子之光庶民且然而況於爲臣者乎

第二問　朱孟震

同考試官教授王　批　闡明仁敬之本之心得通書皆以近天下之可以發聖賢之精蘊允宜錄以式

考試官教諭徐　批　理學之奧喜窺本原

考試官學正鄭　批　理精詞暢

學一而已矣而或二之者意見之私蔽之也夫學所以修道也道原于天而具于人之心故人心本體皆天所爲不可毫髮加損焉者而容有二乎不容二而二之者意見之私也非天命之本然也夫人之意見牽合附會相禪相勝奚啻萬殊而究其大端則二而已是故內外也動靜也始於毫釐而終於千里詭之愈詳而愈遠辯之愈悉而愈離然則學孰從而明哉易曰仁者

見之謂之仁知者見之謂之知百姓日用而不知故君子之道鮮矣又曰默而成之不言而信存乎德行夫知仁知之未能盡道而德行之貴於默成善學者當知所以自裁矣請因明問之所及而陳其所嘗究心者以請正可乎蓋嘗考之六經語孟諸書聖賢相繼發明斯道以示學者皆因時因人以立教而不必其說之盡同然其究則皆示人以進學之方欲求復乎心之本

體以合乎道而已矣執事曰學不知體猶射之無的也然學豈易言而心之本體又豈思慮所可測象言語所可講明而得之者哉愚嘗反求于隱微參考于動賾觀諸書之會通繹大易之微旨以質諸孔子求仁之教而自訂曰學問之道默識本體而已矣本體具于人而命于天天地之大德曰生生生之謂易人也者天地之心也天命無聲無臭而其生生之幾無一物不育

而一出于無心人心不覩不聞而其生生之幾無一物不體而一出于無情古之聖賢各有所指以發之而孔子則謂之仁彼所取於生生之義固天地萬物所由以爲命者此其言雖與六經所指未始異理而其旨爲獨至上下天人一言以蔽之者也學者有志於道雖竭精盡力于學問而于其所謂仁體不能默而識之則必以意見加損於其間而無以達諸天烏乎可哉然

孔子於門人但敎其用功而於此體則罕言之其意以爲先示此體學者將以其見求之而入於虛是故引而不發欲人深造自得者古之聖賢敎人之法也然慮學者嚮往焉而不知其所止則又因其將至亦間言之欲立立人欲達達人固不能無言也雖其言不數數而仁之爲體於此焉盡矣至宋程子則直指此體示人而張子西銘一書又極其發明而程門服之仁者渾

然與物同體乾父坤母吾體吾性之義懇
懇焉惟恐夫人之不知也此豈與孔門異
指哉五代之餘道體淆於百家而所謂生
生者殆不可見故二子不得不亟指之夫
其指之亟也學者每以其見病而後世致
道之難亦繇矣而二子之意戚矣然究其
所指其於狀仁之體亦有功焉以此而觀
古之聖賢所示本體皆以此心不覩不聞
而其生生之幾無一物不體而一出于無

情者言之非若後世惟以在內者爲心而以天地萬物爲外之謂也而孟子則曰仁人心也若將專言其在內者何哉蓋人心也者生生而已焉者也萬物皆備於我而惻隱之心推之足以保四海亦即其生生者之所必至此豈外物爲心之謂哉其言益約而孔門本體之旨益明矣本體之旨明而默識之學可求矣何也天人一也本體者命于天不可加損者也夫其不可加

損也苟非默而識之其何以合一於天乎
蓋嘗觀之孔門諸子之於仁也有三月不
違焉者有日月至焉者其爲功不同而其
本然之體則不以其不同而有所加損也
方其不違與至也仁人心也一而已矣卽
其違而未至之時平旦之氣好惡與人相
近也見孺子將入于井而怵惕惻隱之也
此體炯然豈待不違與至而後有者耶人
心之蔽於習也容有不仁萌於其間而其

天命本然則百姓之愚蓋日日用焉而未始離百姓之體之於孔門諸子之體一也雖孔子不能以毫髮加者所謂仁人心也百姓特日用而不知耳學者知日用之體卽本然之體於此而默識焉則天人一矣奈之何後之學者之蔀於意見也其於孔門之旨往往悖而去之要皆學焉而未底于默識而惑於動靜體用之說之過也動靜體用聖賢嘗言之乃其意欲以兩言發

此一意庶幾學者不墮於一偏爾而學者不察每以分析失之彼有見於主靜者一出於守心而不知周子所謂靜指無欲而言而未始離於動也有見於慎動者一出于制行而不知周子所謂動指感應而言而未始離於靜也有見於生之直者一信夫理一而遺分殊而不知孔子所謂直指一致同歸而言而未始離於殊塗百慮也斯三者皆用力於學者也特於本體末之

察焉耳本體者何也此心不覩不聞而其生生之幾無一物不體而一出于無情所謂仁也動靜體用卽此而名之非他之謂也人心生生而已矣靜也者未發之謂也感應不窮莫匪無欲發而未始發也是不曰靜乎動也者發而中節之謂也不以欲發本皆寂然而感應固不窮也是不曰動乎自靜而觀可以見中焉而大本立曰大本所以著分殊之根柢故有體之義而非

內也自動而觀可以見和焉而達道行曰達道所以狀理一之能事故有用之義而非外也是故人心一而已矣其命於天一而已矣生生之幾不假人力不以時分不以境間又何動靜體用之有此本體之所以爲本體也學者不識此體而分析之安得不陷於一偏乎其以守心求者懼此體之累於物也而不知生生之幾雖無覩聞則無一物不體者內觀坐忘將無以知化

育卒之膠固自私遺落倫類欲不爲空寂不可得已其以制行求者以性爲從物于外也而不知生生之幾雖無物不體一出自然本無覩聞者意必相取則知識益增卒之麁心浮氣離去本根欲不爲襲取不可得已其信理一而遺分殊者以此體何思何慮也而獨持渾淪之見不復反躬以著察之而不知生生之幾體用一源不盡中庸精微則不能致高明廣大彼其意輿

精魂率歸儱侗不至于師心自用者幾希
矣嗟乎道之不明也賢知者蔽之也務理
一而遺分殊斯智者之流弊而桎梏于守
心制行而不知返亦賢者之濫觴也而況
後世滛于禪定淪于功利至於猖狂自恣
亦由此以遺之要皆不能默識仁體之過
此孔子雖欲無言而不容不一發也而後
聖賢之學可以得門而入矣雖然識也者
所以識此也而謂之默則亦豈思慮言語

所得而與哉學者有求性命之志反身而力任之卽其主宰察其流行取之於澄汰廓清之餘立之於齋莊凝聚之地游之乎平常易直之中而日用之間若有見夫生生之幾不假人力不分時境明覺自然通乎天地萬物之化而須臾之頃眞有不可得而離者其於默識之旨其殆庶幾乎是故知止其悟入也火然泉達其長裕也遷善改過其保任也優而游之厭而飫之其

緝熙也無一息不運而不見其力無一物
不體而不知其功其充周也而心之本體
在我矣知如是而後知主靜愼動與夫生之
直之旨莫非默識之義而何宗旨之足惑
哉故曰學一而已矣凡賢智者之過皆所
謂二之者也非所以語聖門之宗旨也抑
愚于此有說焉默識之義雖非功夫所能
爲而要其所由致未有出於功夫之外者
故以孔子之聖而其自敘也必自志學以

至於從心則自孔子而下居可知已蓋能
者從之善學者之所獨喻也故曰待其人
而後行又曰人能弘道是焉可誣哉倘或
窺見此體而不知功夫爲何事言下承當
見處想像而一切成心習氣反覆於軀殼
之私而莫之悟焉則亦虛見而已耳其於
意見逕庭不啻千里而顧欲侈然托于六
經孔孟之旨卒之不可與入道且將幷聖
人之學而疑之也謂之何哉若此者雖其

爲志不同要亦玩心於本體之見有以致之焉耳此程門之意不能不爲後世戚而後知罕言之指固古之聖賢所以教人之法也

第三問

張位

同考試官教諭李　批　將之運用妙於一心子深得其指而辭足以發之誰可以文士目之耶

同考試官教諭林　批　援古名將以責己見有經

畫者斷制是奇可以觀所蘊矣

考試　官教諭徐　批　壯猷遠略溢於言表

考試　官學正鄭　批　是究心於籌畧者

執事以儒將發策豈以草茅之下亦有明天下之略者乎而愚非其人也顧敢無詞以對凡國家草昧與英雄並爭中原提戈百戰方是時天下之士雲合景附而屠販椎埋之豪往往積功閱位通侯蓋王者之興必有驅除而尚武之功於斯烈矣比一

再傳太平漸理物豐萌芽邊境儆色之警與山海竊發異時相與芟夷大難者既已銷盡而其子弟多據見恩豢養驕稺不可倚賴於是不得不任儒者以紓其患夫邊隅竊發非有曩者並驅周旋之雄也法令明一上下勢定非有喜難幸危叫呼不可馴之士也而顧以爲難者蓋儒者俛首受書目不出一室以文章程有司豈知歷行間與奸軌爭一日之捷人固有殺人不轉

瞬而聞鼓聲則眩瞀者勇怯之大分至於
如此而况承平旣著則繩墨盜張一舉手
出其外而執議之臣隨其後甚者對刀筆
何成功之云嘻亦難矣夫五材並用爪牙
相爭國不能無兵而兵不能無將而儒者
身當其重則擇而使之者其道不可不預
定而素計也一縣之令程功覆實可得而
上下而兵非素莅也雍容之體吏坐而建
議而兵非空談也由是不得不采其聲名

然飭行淬節者足以合天下之聲而臭味相同者足以蔽偏長之闕故房琯以公輔自期殷浩以蒼生係望然陳濤之衂壽陽之恥事僨名滅當時琯浩自期與人期之者必不至是使不狥其名而用之安得敗也夫名不可憑則氣爲天成不可變化又似有可據者然圓神之機淵乎不可測而匹夫之嘿嘿則智者不可得而揣焉故韋叡羸乘板輿杜預射不穿札然平吳之勳

挫魏之續震主蓋世當時預敘縱自期而人期之者必不至是使責其外而棄之幾不失也嗟夫聲名氣局漫不可定執如此則腹中之藏誰復得而知之而擇將之術誠窮矣故又從而爲之詞曰使貪使詐譬醫者之烏附惟其去病而已夫五穀養生自參苓烏附皆去病者也必以烏附而去病是寒者猶必以參苓爲正也是扁鵲倉公之所不解也兩軍相壘勇者先陷其蹈

湯火身首立決糜爛者比比是也夫決生與決死異然且爲之者以饕賞也彼以其身之不可測爲直而吾坐以奉胠篋焉其有不脫巾相呼者哉故投醪於河味不加益而三軍挾纊者爲其均已也若之何其使貪也兵詭道也而行之必正驅民於鋒鏑而愚之者不可再也賺敵而入於陷者不可復也荀子曰仁人之兵不可詐也彼可詐者怠慢者也路亶者也君臣上下之

間滑然有離德也故民未知信不可與致死伐原以示之者晉文之所以伯也若之何其使詐也蓋大將之門兼收並蓄其使貪使詐者謂將者使其下耳儒者長裾而談聖人其出而又爲將亦欲自表見以盡其平生而使之云貪與詐也則誰能居之若必以爲非貪詐而不辯也是歷階之直不售於夷裔而堂堂之法不著於涿野必使之盡棄其昭然之可恃而從其阸塞之

倖於勝者是目論也愚嘗憶三代之學其
兵在井田而其將在庠塾釋茅裼而使登
壇坫彼不懾也去耰鋤而卽戈甲彼不病
也蓋學則素定而戰非褻兵由是則人可
將而奚分於儒與武也後世兵可更將則
恩非素洽將可數易則心非定居呫嗶之
學不可以言預定未免以意而齊其變化
執議之多不能以盡自必則未免遷就而
從其上下卽此則有不辦者時與勢則然

爾而豈無貪與詐之云耶噫亦難矣雖然
事功若負米然量力取數將不可爲是天
下有事不可爲者也人材若匠木然度宜
附用儒不可將是天下有人不可用者也
故將者兵之柁也柁運則舟從心者將之
機也機從則柁應坐作擊刺與夫旗鼓進
退有法可循者姑置弗道也而由主將者
之心其必不可已者蓋有七焉凡當機欲
圓赴機欲迅應卒欲閑持議欲定秉氣欲

壯懷忠欲烈慮勢欲遠是七者不可不深慮也玉壁守以碁年韋孝寬隨機備禦而高齊束手睢陽戰餘四百張巡傳會已意而皆悉士情夫形之極至無形有談古理於今而時則變矣有道秦規於楚而地則隔矣推移瞬息與時偕極愚所謂當機欲圓者也行人在師李靖棄之而夜趨白道大師未會鄧艾遶之而疾走陰平夫機者彼我所共彼閉其機則我不可得而叩彼

先其機則我不可得而避距如脫兔蓋言速也愚所謂赴機欲迅者也蠻人倉皇擁城王式徐食建旗而交城賴以不隕軍士戒嚴且發費禕奕客不却而來敏知其必辦夫將者敵之所窺而下之所恃者軍中不指不馳懼驚衆也卒撓則動動則亂愚所謂應卒欲閑者也伐吳之役舉朝皆疑羊祜抵書棋枰而金陵之降立決淮蔡之師四年告病裴度叩頭自請而元濟之擒

隨成夫非常之功常人懼焉爽脫者戒於未審狐疑者病於後時愚所謂執議欲定者也周訪持杜曾於沔口兩甄皆敗而行酒自若王韶持重兵於熙河矢及幕下而鼻息方酣夫三軍視將將勇而兵弱不可敗也主將視氣將庸而氣壯不可敗也愚所謂秉氣欲壯者也太眞流涕登壇感三軍以擢蘇竣士雅慷慨誓流聯兗豫以抗石勒夫忠義人心同然鼓勇惟在倡導法

曰殺敵者怒也愚所謂懷忠欲烈者也諸
將並爭闗東李泌欲擣范陽唐世終為患
本世宗削平江南王朴獨憂并州宋世終
成後服二子雖未嘗專將而嘗在行間剖
判大幾攻瑕覆巢一言不用患不可支非
苟目前者愚所謂慮事欲遠者也凡此七
者得二焉可以將得半焉無不勝全則無
敵於天下自非久於學以明其心完其養
以定其氣其奚以及此諸子者雖未必皆

知學然其事可法也史漸未必皆無疵然
其意可會也此孫吳之所以長而黃石公
之所以不語者非他奇也方今號稱極治
而倭虜竊發雨鎮之兵常懸而漸直之人
目未乾也
皇上搜巖穴發大農宵衣旰食是時材臣如雲
石畫如雨然數年間未有大創之者執事
以爲憂誠是也而其急又莫過於擇將然
愚生向之所謂心者備矣而無由試之則

請進焉伊尹在畎畝誦詩讀書方湯之三
聘也囂然而已諸葛孔明在隴畝抱膝長
吟方先主之三顧也不屑而已方是時其
於世事泊焉若不經其心而於爵祿灑然
無所繫於其內視天下無復有重於己者
此其空曠洞達之心若懸鏡止水然凡夫
伏機幽變矯幻匿情若執燭而照無能遁
者由是翻然一許而出則將擊之勢焉始於
畢飛變化之龍由於蟄伏伐夏配天三分

鼎足若攜諸袖而取以置之也而尚安有
不辦哉故忘毀譽者忘得失忘得失者忘
生死將忘生死是莊生所謂惟蟬翼之知
則向七者蓋一貫而得之矣得是人而任
之寬其羈縶久其責任機藏而不著傍觀
者不揣其末形小挫而餌敵執議者不責
其鋒細使畢其全力則儒將之烈幾不與
草昧屠販椎埋者儔耶是愚生之所嘗俛
首得於詩書者未知與事當否也執事其

進而教之

第四問

傅明應

同考試官教諭王　批　經理財務而以義行之即易謂理財以義之意也子能根究明指區畫精詳真有裨於司計者矣

同考試官教諭胡　批　足國裕民之道條答殆盡

考試官教諭徐　批　商確古今具見實學

考試官學正鄭　批　足知理財之道者

對先王取民之法所不容失者意也其有

所必益者時也益之有制復能與其意而俱存之者義也義以驅之於始則民不愛其私而樂徇國家之急義以制之於終則民不以爲厲而無有非其君上之心然則義也者其整齊民心而宰制經費之具也上能好義則事必有終何有於國用乎周公之爲周治其財用視禹貢則已詳矣然王畿千里之外法猶不及而千里之內儉爲之制不過正疆理之宜明公私之義使

民自爲力而時其先後而已爲其無以阜通流轉則作幣鑄金以權之凡邦之賦用歲取具焉復置大宰司徒以制其出入使上不侈而下禁其私故君有餘財民有餘力而頌聲作矣自鹽筴起於春秋田稅與於中魯蓋當時諸侯各以其國自治而不能不取給於其國之民亦無甚以爲病者使國有師旅之興外亾之執備之用則雖有周公之典在而夫子以爲必益矣故曰惇

寡孤獨有軍旅之事則征之無則已可見取民之制惟視其時時當其贏則寡之於堯舜之道而不爲貊時當其絀則重之於堯舜之道而迺所以濟時惟以不得已而取之亦以不得已而用之又以不得已而制之則與先王取民之初意不異民於是知上之心無樂乎其損已也又安有不以上之心爲心而樂輸其國者乎漢自文景之盛天下之財不以實關中故設少府以

掌山海地澤之稅以奉一人大農則掌國貨以需軍國至元封之間公私已兼疲矣榷鐵雖領於司農猶未至出少府以給之也本始承其困乏始出水衡錢以供官作出少府禁錢以事西羌而內藏始通於司農建昭繼以節儉謂水衡少府各有蓄儲不下數十萬無事於借公帑以給其內而大農始有兼儲矣史氏以二君爲能寬民力以專軍國之事所以獨得其美意也唐

之初制自租庸調之外不以取民其後郡國各有則賦以爲上供而以送使留州制其儲蓄蓋元和之末統體已不振矣節鎮皆以公賦市私於上而歲入之數無所考也宋當承平之後而循襲其法則人主躬行節愛於上常捐其蓄積以助版曹則上供者固無俟於取盈人臣未嘗殖私於下而監司之廚傳率以官給其費則留州者亦無俟於計覈故議者以太宗爲能因時

宜以施仁義之術所以獨免於弊也乾德之初欲矯元和之下移則州鎮之權命不可以不削於是置封樁庫悉詔歸其積儲所以明有上也至開寶以來則大權既歸獻入有常所以令諸州舊屬公使財物盡數繫省者一則多其宿儲而遠可以支不虞一則寬於理財而陰可以恤不給此宋之初制所以爲始終有益於民也宣和輸輓之資既已耗竭不得不展轉取積於細

徵之間於是設經制司增收酒稅頭子諸錢以其近於民情而取辦易也李憲陳亨伯經略諸路皆相襲爲之而度支呂頤浩亦講求其議以爲可施於東南殊不知銖求毫積與百姓交於道而接於市終至傷教長亂使大夫鄙而庶人盜也葉適之力排其說眞可謂以大誼謀其國家矣昭陵國計蘇軾之策盡之矣於其所謂去之甚易而無損存之甚難而無益者曰養兵宗

俸宂官郊賚是也觀其歷計景德皇祐入官之門衆則所重又在於宂官而已元祐國計蘇轍收支之敘備之矣然其所謂令欲爲之則逆人心違舊法不爲之則勢已極而事必變者大夫朝議皆無限法官秩幷增不知其議也所請罷者雖有四事觀其歷言考績推恩有祖宗之法在則所指又在於流弊之濫而已漢法郡國四時上計具列其逌光武中興更定歲終遣吏乾

道間令孫大雅攷奏其法於是張敦實條
具黄龍之詔言方今天下事少而民多貧
盜賊不止咎在有司以計簿爲文具務爲
欺謾以避其課令御史察其非實者按之
遂倣其法定以歲終諸路州軍總會於司
農而黜責其負是其所革者弊之欺謾者
也宋制内帑積儲悉以備邊四方多故則
有司得以具請紹興間川陝宣撫司以贍
軍奏留錢幣於是龍圖李迨具言劉晏理

財稱亞管蕭而歲入緡錢不過千二百萬
然以贍六軍恢復中原而有餘今歲錢入
已三千六百萬然以供一軍屯駐川陜而
不足計司雖知冗濫而力不能裁雖明其
寛剩而未敢遽減奏上竟以大軍歲靡無
所裁罷是其所當華者弊之濫没者也夫
自巳然論之宣元皆中德之君也惟務於
國而厚其民則美之唐宋皆畫一之法也
惟其法循而意公則賢之乾德開寶之詔

其於財用聚散之迹異矣惟其君以德意而操縱之則皆足以惠民宣和經制之法其權宜應變之意見矣惟其臣以大義抑之則始足以重國治平元祐之取民計帳申省不可數計所以費之者豈獨一宂官哉以宂官之害所靡於民者獨切蓋宂費之太甚者也乾道財用視紹興蓋為少舒而所以計數於郡國豈獨急哉以虛計之害所耗於國者最大蓋責實之政所必先

者也我
祖宗制民之法遠酌成周其輸稅不逾什一而
於事力蓋加儉焉
列聖相承畫一以守民之怙於愛養者如赤子
之托於慈母饑則食之而已矣其上之所
以均節出入以厚其下者固已陋乎漢唐
宋之君下之所以度支經費以終其事者
又已薄乎劉晏葉適之爲臣使其安享承
平雖萬世守之以爲周官之法何不可者

邇以南北之夷擅恣桀黠數爲寇暴於邊
鄙備之則勞中國之士不備則侵盜不止
皇上念邊民之久患苦爲虜所繫獲也故增節
鉞之臣修屯戍之具以備之用度不足至
節嗇上供以繼之復不足不能不需濟於
民諸司既已條具其議檄下郡省民莫不
感激而樂於輸應矣迺欲以所策數者擬
議以成其務固不足以勸明問惟於二蘇
所言冗官之費或已革之而未盡李迨所

言寬剩之藏或已裁之而未嘗至於西漢
上計之法又斷斷乎其在所必行而其弊
又有出於孫大雅張敦實之不及言者何
也三代之取民雖廉而常賦不在所蠲其
御吏雖未嘗以一切之法而於常職在所
必察故自中邦成賦南狩而至大越即會
諸侯而登其計周官所載益已明備天官
冢宰之屬理財者居其半掌邦用而言歲
終則會者居其十豈以盛世吏治而遂有

所欺沒其民俗遽有所逋負而使爲此邪令之欺沒逋負之弊則充盈於郡省矣失令不治相倚爲奸反使急上之民竭其事力而國家不得以爲用使奉法之吏密於督察而檢磨無所施其功其弊在於守令數易而責實之法廢也凡令之爲吏其賢者之才辨與不肖者之猛撓皆足以致奇效而何有於催科爲切理之務顓力有所不能辦者哉其因循而爲苟且之政實責

實不嚴之弊啟之也如是而復講求於常制之外其所取尚不足以補其所負而所輸又復歸於所沒展轉相武蹙華無日漏卮溪壑之害蓋不在上而在下大非所以厚民俗而清吏源也豈但國用不足而已哉此愚所謂其終不可不以義制之者制其侵弊於下也失此不制則驅之而民玩民玩而求益之則惠德之意壅而不達矣可不慎哉至於兩漢責實之法又有謂其

詳於外而不詳於內行於小吏而不行於
達官者又豈下士所得而言乎

第五問

習孔教

同考試官教諭左　批　篇中三策悉中機宜至威
惠兼施之道也是可見諸行事矣

同考試官教諭夏　批　識時務者在俊傑子其以之

同考試官學正唐　批　經畫之良可施實用

考試官教諭徐　批　洞見事理非徒言者

考試官教諭鄭　批　詳實可行

對保大和衆之道有二要焉以建威者審其勢以綏來者辯其類勢之所漸非一日也觀微知著則幾有所必先不可後焉而制於人類之所聚非一人也舍逆取順則情有所必明或可懷焉而用於我故義者不違勢而釀其患仁者不掩類而亂其略此所以兼濟並用衆無不和而大可保也天下之忽近患忘遠略久矣此所以滋蔓

究之萌蘖
宵旰之慮執事乃詢其猷而欲以敷
聖祖之德意宣
皇上之威靈甚盛心也愚何足以與此請誦所
聞而執事擇焉夫我
國家削平僭亂肇域四海土宇版章亦孔之
厚若江西延袤千里疆理而郡者一十有
三法制畫一風俗樸淳垂二百年人庇綏
靖宜無他患而乃有如桶岡姚源之爲斯

任事者之計失也何者桶岡之徒自廣而逋畊於橫水鴟湖山谷之間其初不過以起生業資蓄息也其後以土地之故與我民遘爭強梁頑悍日益以甚郡縣吏乃束縛而操切之故彼自棄於我而阻衆稱亂耳姚源之徒固亦類此是以議者咎時之失計謂不當以我土地而資逋亡及其遘也又不當右我人民而督過之苟明其是非順其好惡則彼之心未必不協於我協

於我而政令加焉雖胡越可使也夫桶岡
姚源其往者也橫岺之人自浙而入始業
陶焉氣習頑獷生齒繁多則鼓禍煽爭遂
爲弋陽之患正德初專設郡倅分署其地
而撫之賑以社倉興以學校譏以保甲制
至善也議者猶欲縣其地以圖久安乃以
費之鉅而不果今者桀驁復悖以逞至執
吏而質也夫橫峯其小者也鄱湖匯合三
江波濤瀰漫盜賊舸艦率以爲歸遂爲隙

章諸郡之患
國初嘗卽康山置署設守備以制之協以巡
司邏以衛卒聯以期會制至善也議者又
欲縣鄔子以扼要害乃以地之薄而不果
今者桀驁益肆以橫至殺越人而貨也夫
鄱湖其小者也高砂之地山林深阻與岑
岡三洲相入其人習於攻鬬而易於駭亂
遂爲龍南安遠之患正德初因其內附而
以新民待之使自保伍而時其調役使自

耕鑿而薄其征稅恩意之洽體統之嚴制
至善也議者又於羊陂爲隘而戍以譏察
焉其後譏察漸弛而隘不爲賴今者桀驁
遘禍連年至樹黨而援也夫以勢言橫峯
之僑寓不若鄱湖出沒之難窺鄱湖之出
沒不若高砂割據之難馴彼之負固已然
乃欲以一縣一城而制其命愚未見其可
也蓋幾有所必先紀綱是也今自時事所
見而言則桀驁之徒恒托於市廛而腹心

之寄近及乎吏胥況黠戍之頻士有怨心
職制之分官無信地紀綱之弛如是益亦
考諸成制而申嚴之奈何而自弱其勢也
夫以類言鄱湖之鳥合不若橫峯之保聚
橫峯之保聚不若高砂之遠交彼之觀釁
已然乃示之必攻必滅而益堅其亂志愚
未見其可也蓋情有所必明好惡是也今
自時事所見而言則桀驁之徒猶戀其室
家而毫髮之爭遂忘乎黨與故鼓義而動

自殲其魁聞檄而泣自質其父好惡之端如是盍亦原其舊染而與新之奈何而必掩其類也昔者熊天瑞據贛助逆以拒

王師

聖祖命常遇春往討而

諭以破城之日勿過殺傷以全生民推

聖祖之心則旅拒者義所必討而涵育之仁不可廢於脅從也邇者閩廣逋寇侵突我疆

皇上覽撫臣之疏而

切責之以及嶺東漳南諸道推
皇上之心則保綏者仁所必廣而戡定之義不
可懈於職司也夫職司之不懈所以宣
威靈也而涵育之仁運矣脅從之不治所以
敷
德意也而戡定之義行矣仁以行義則威揚
而不過義以行仁則惠流而不褻此
聖祖
皇上之所以保大和衆兼濟不偏悠久無疆也

愚所謂審勢辯類者凡以此也夫語審勢者孰不爲然而勢所以日弛者則怠泄之習釀之也今誠舉成制而申嚴之莫若慎守令而久其任是故以察左右而姦宄之跡無所交也以固封守而邪慝之行無所匿也以治爭訟而暴頑之氣無所激也而又撫臣臨焉節制張焉簡練時焉大小相承上下相維此身使臂指之勢也而勢之不振未之有也何以明其然也昔渤海有

襲遂則棄兵弩而持鉤鉏交人有賈琮則安資業而歌路巷此其効也夫諂辯類者孰不爲然而類所以日攜者則諜詠之術反之也今誠原汙俗而與新之莫若推赤心而置之腹是故以別宅里而習染可滌也以合什伍而追胥可比也以資畜業而物力可任也由是而官長臨焉政令信焉情義繫焉緩急相赴出入相友此家人父子之類也而類之不親未之有也何以明

其然也昔張詠以齊魯待益州之民而益州懷附楊澈以威信趨戴興之黜而載興委符此其効也嗚呼天地之間有生之繁美惡不齊竝育竝長此天地之所以爲大也

王者之化如天地姦慝暴亂不能不萌乎其間惟所以處之者如春之和而無所遺如秋之止而無所過則雖有一二萌蘖亦將隨時剝落澌盡必無有蔓而難圖者矣何

亂萌之足悲哉人亦有言有亂之萌無亂
之形是謂將亂將亂難治不可以有亂急
亦不可以無亂弛愚嘗觀於往古凡亂萌
而形者非急之則弛之也是亦存乎其人
而已書曰惇德允元而難壬人蠻夷率服
又曰至諴感神矧茲有苗惟
廟謨者加之意焉愚何足以與此

江西鄉試録後序

嘉靖戊午八月既江西鄉試竣事成録學正鄭元韶巳屬大旨冠篇端矣惟輯屬次當序諸末簡誠淺薄無所識知其何以更端使有增益于二三子也雖然嘗竊聞之矣人

材之成就非一途也而惟在遭時人材之致用非一道也而惟不負時彼用人者豈不欲使成材以收其實而材者亦豈不欲奮起以布所抱畜哉顧常兩不相效者由遘會之難比比乖刺而兩不相值

也三代之隆其人材之多皆
瀕視百代而詩書所稱至周
爲尤盛蓋自公劉后稷忠厚
啓創至于文王壽考作人菁
莪棫樸徽柔懿恭以丕闡敎
肯攷其效不惟髦士小子相
與蒸然變化而在漢在野兔

罝干城三后協心底道政治
六服羣辟承德歸周至宣王
之後猶得嵩甫以爲屛翰其
散在列國者皆能翊戴王室
潤色詞令焯然建明以繁卜
世豈非其乆道成化涵泳之
日深故士之耳目心志澡浴

改易純一而不可化耶我
朝
列聖相承熙洽重累垂二百年而
大江以西又
太祖皇帝提戈底寧之區至我
皇上湛恩瀸澤宣鬯衣被波浸海
內三十七年于玆是成周奚

翅頊自幽壤遐陬皆思覲衣冠文物犂然與中州竝而況素稱文獻之邦者哉故曩者入試讀諸生之文知其所麗嚮淳龐深固各有本始敷言者經文緯質道理者張幽達微語事者批竅抵劇猶之入

百珍之肆目不及顧此扶輿
之毓靈而先猷之遐軌也豈
非
聖化優涵陶鑄以漸磨其膚理而
將收其實哉夫得材則有司
稍得釋其責諸生之遭有司
上焉然繼自今則非有司得

相絫者孟諸之野千尋之木
枝大十圍匠石與其徒過之
而不敢盻者懼輕用之也比
清廟明堂之乏能勝其任則致
之
闕下藻繢而青黃焉以其善於
用大也故知取之盡側陋則

思報之所當竭悃誠養之積
年所則思用之不可輕一旦
孔子曰有德者必有言懼徒
言者也慱究呫嗶含咀淬練
以及
今日則既燦然矣敷言必不詭
於事道理必不貳於心語事

必不藉於談他日致
君悉以今日所言者自
獻以成其信夫然後爲不負時
其視周之士奚翅蓋士在
今日卽幽壤遐陬得一舉者思
皇上覆載生成凡圖報稱未敢後
也而況大江以西號文獻之

邦者哉成周之盛載在詩書
取以自鏡繹而籌焉二三子
之責有司者今而後無能叅
矣
直隷徽州府歙縣儒學教諭
徐惟輯謹序